これからの病院経営を担う人材

医 療 経 営 士 テ キ ス ト

管理会計の
体系的理解とその実践

原価計算の手法から原価情報の活用まで

中 級【専門講座】

渡辺明良

3

日本医療企画

はじめに

　医療経営において、従来「医療は非営利なのだから、赤字になっても仕方ない」といった発言を耳にする場面が見られてきたように、「医療は非営利である」ことについて、これまで（あるいは一部は現在においても）多くの医療従事者や医療経営者が、誤った理解をしてきたのではないだろうか。

　医療経営を考えるとき、また原価計算や予算管理などに代表される管理会計を実践するとき、まずは組織全体が「医療は非営利である」ことについて正しく理解する必要があると考える。

　そもそも「非営利」とは、事業を通じて得た利益を株主に分配しないことを意味しているのであり、「非営利」には利益を出してはいけないという意味はないのである。また、医療における「非営利」は、医療法第7条第6項において「営利を目的として、病院、診療所又は助産所を開設しようとする者に対しては、第四項の規定にかかわらず、第一項の許可を与えないことができる。」とされているのであり、法律上においても「非営利」には利益を出していけないという定義はなされていない。

　では、医療経営における「利益」は、どのように考えるであろうか。これについては、医療機関が患者に対して行う医療サービスの提供には、「社会的責任を果たす」ことと、「利益を出す」という2つの意味があることから考える必要がある。

　どんなに高度な医療を提供したとしても、また多くの利益を得たとしても、「社会的責任」を果たさなければ、医療経営は成り立たない。このことは、企業経営の事例を通じても理解することができる。例えば食品の製造や販売を行う企業であれば、安全な食品の提供という社会的責任を果たす必要があるが、この責務を果たせなければ、産地偽装や衛生管理の不備といった報道などに見られるように、社会的責任を追及されることになる。また、鉄道や高速道路などのインフラを提供する企業であれば、安全で快適で適正な価格の提供という社会的責任を果たす必要があるが、メンテナンスなどを怠れば、脱線事故や交通事故などの発生につながる。このような企業経営の事例を踏まえて考えると、医療経営の社会的責任は、「安全で安心で良質な医療の提供」であることが理解できる。つまり、医療経営においては、社会的責任の実践のもとに、利益の確保を行うことが求められるのである。また、「安全で安心で良質な医療の提供」は、すべての医療機関において共通の社会的責任であるが、その上にたって、各々の医療機関が、患者や地域社会に対して果たす社会的責任として、「理念」や「ビジョン」を明確にすることも重要と考える。

　さらに、医療機関が社会的責任を果たしていることを明確にするためには、組織運営の仕組みを整備することも必要となる。この仕組みとして、「ガバナンス」や「リスク管理」「内部統制」などの取り組みが考えられるが、これらが適正に実践されることで、内部的にも

対外的にも、社会的責任を果たしていることのエビデンスとなるのである。したがって、「社会的責任」は、医療経営において医療サービスの提供による「利益」を確保する前提として位置づけられる。

　この前提のもと、「利益」の確保について考えるとき、筆者は、医療経営における「利益」は、「次の患者のために使用するお金」として理解すべきではないかと考える。非営利組織である医療機関は、医療サービスの提供を通じて得た利益は株主に分配しないことから、その利益は、施設設備の整備や人員の整備など、次の患者のために用いることになるからである。

　このことから、「利益」の管理について検討する場合、2つの方向が考えられることになる。

　1つ目は、収益と原価を分析することにより、適正な利益を得ているかどうかを把握することである。つまり医療サービスの提供というアウトプットに対して、適正な経営資源がインプットされていたのか、という方向である。これは、部門別原価計算や診療科別原価計算など、部門別管理に代表される管理手法を用いることになる。

　2つ目は、医療サービスの提供というアウトプットを通じて目標利益を達成するには、どのくらいの経営資源のインプットが許容されるかをシミュレーションする、という方向である。これは、事業計画策定や予算策定の際に行う管理手法となる。

　本テキストでは、これらの管理手法について、まず、管理会計の基本的理解を得るための解説を行う。次に医療経営の実践において、これらの手法を用いる際に課題として認識される点を整理する。その上で、原価計算を実施する際の手法について解説し、原価計算によって得られるデータを活用するための取り組みや、事業計画策定に対して、これらの手法がどのように貢献できるか、についても考察する。

　本テキストが、医療機関経営の実践において、医療経営士が活躍するための知識と技術として、役立つことを期待するところである。

渡辺　明良

目　次
contents

第1章

医療経営における管理会計の基本的理解

1 財務会計と管理会計
2 管理会計における利益のとらえ方
3 医療機関における原価計算の今日的課題

　ここでは、財務会計と管理会計の体系を示し、その特徴から医療機関における管理会計の役割などを考える。また、管理会計における利益のとらえ方を整理し、その活用の方向について言及する。さらに、医療機関における原価計算手法の歴史的変遷から、その今日的な課題について考える。

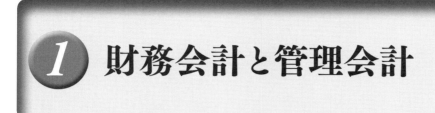

1 財務会計と管理会計

　会計は、財務会計と管理会計に区分される。財務会計は、損益計算書や貸借対照表、キャッシュフロー表といった財務諸表の作成に帰結する会計の体系であり、管理会計は原価計算や予算の作成などに活用する会計の体系として区分される（図1-1）。

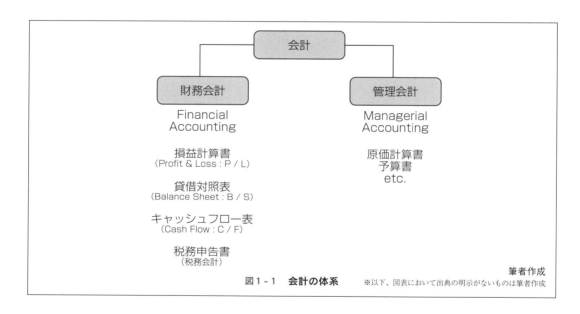

図1-1　会計の体系　※以下、図表において出典の明示がないものは筆者作成

筆者作成

　医療経営の視点から財務会計と管理会計を考えると、病院の管理者である院長は、法人の資産としての医療機関を運営していることになる。この運営の結果、法人の資産は保全されているのか、経営の結果として利益が確保されたのかなどについて、院長は、財務会計を通じて説明責任を果たす必要がある。一方、経営の結果に至る一連の経営プロセスにおいて、経営方針を遵守し、効率的効果的に病院運営が行われているかどうかについて、院長は管理会計を用いて説明責任を果たす必要も生じる。また、これらの管理については、業務監査や会計監査などを通じて、その妥当性を評価することが、ガバナンスの観点からも重要となる。

　また、財務会計と管理会計の違いを整理すると、財務会計は法令や会計基準[*1]に則り、主として外部の利害関係者（ステークホルダー）に正確な情報を提供する（見せる）という特

徴を持つ。その情報は、昨年度や先月というように、過去の情報が対象となり、会計監査などによりその妥当性が示される。一方、管理会計には法による規制はなく、主として内部の経営管理者が、経営意思決定や業績管理などの目的で行うという特徴を持つ。その情報は、過去の情報だけではなく、例えば次年度に購入する医療機器の採算性をシミュレーションしたり、診療報酬改定により、現在実施している手術の採算性がどのように変化するかなど、現在や未来の情報も対象となる。したがって、意思決定や業績管理などの目的に合った、有用な会計情報を迅速に提供することが重要となる。

　これらのことから、財務会計と管理会計は共存関係にあると考えられる（図1 - 2）。

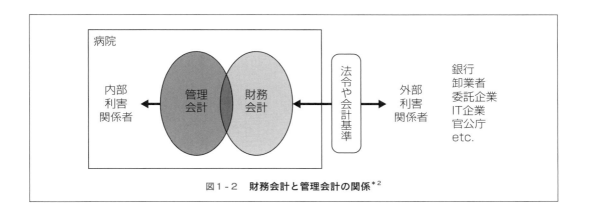

図1 - 2　**財務会計と管理会計の関係**[2]

　一方、医療経営の実践場面において、財務会計と管理会計の役割を整理すると、経理部門で実施される帳簿付けなどの、いわゆる会計業務は、財務会計の主たる役割となり、また医事部門で行う一部負担金の管理や経理部門で行う現金や預金の管理などの、いわゆる財務管理については、財務会計におけるキャッシュフローの管理の役割となる。また、予算管理や原価計算などを通じて業務統制を行ういわゆる経営管理については、管理会計の役割となる。この経営管理については、医療機関によって経営企画室のような専門部署を設けたり、経理部門で行ったり、事務長が行うなど、さまざまな取り組みの形態がとられている。

＊1　学校法人会計や公益法人会計など、医療機関の設立母体により会計の法令は異なる。また、病院の場合、厚生労働省が定める病院会計準則などの体系も存在する。
＊2　岩谷誠治、会計の基本、p.19、2016年、日本実業出版社より改変

② 管理会計における利益のとらえ方

　財務会計において、利益は、「利益＝収益－費用」により算出されるが、管理会計では、利益はその目的によって多面的に考える。

　例えば、「利益＝収益－費用」において、収益を単価×数量に要素分解したうえで、その課題を分析し、収益確保のためには単価増を目指すのか、数量の増加を目指すのかといった意思決定に用いることが考えられる。また、費用を人に関する費用、購入量に関する費用、件数に関する費用など、管理目的に応じて分析を行うことで、業務改善につなげるということも考えられる。このように、管理会計においては、単なる利益計算にとどまらず、利益を確保するために必要な原因分析や対策に寄与するための情報として扱うのである。

　また、キャッシュフローを意識した利益として、EBITDA（Earnings Before Interest, Taxes, Depreciation and Amortization：金利支払い前、税金支払い前、有形固定資産の減価償却費及び無形固定資産の償却費控除前利益）[3]のように、「利益＝営業利益＋減価償却費」として用いることも考えられる。これは、多くの医療機関では、病院設備や医療機器や情報システムなどの設備投資額が大きくなることから、減価償却費の負担により財務会計における利益が赤字となる場合があり、また、年度ごとの設備投資額の変動により、減価償却費も大きく変動することで、財務会計上の利益も影響を受けることになる。EBITDAは、減価償却費などの影響を排除した段階の利益を用いることで、資金流出を伴わない現金ベースで医療機関の利益を考えるための情報として扱う。

　さらに、付加価値や労働生産性などに着目して経営管理を行うため、「利益＝収益－（材料費＋委託費＋経費）」として利益を捉えることもできる。

　病院会計準則に基づく財務会計の場合、医業費用は主として給与費、材料費、委託費、設備関係費、経費等に区分される。したがって、「医業利益＝医業収益－医業費用」として算出することになる。一方、付加価値や労働生産性に着目した場合は、「付加価値＝医業収益－（材料費＋経費＋委託費）」として算出する。これは、付加価値＝（給与費＋設備関係費＋医業利益）であることがわかる。つまり、医業収益から材料費と経費と委託費を除いた残りで、人に関する費用と設備に関する費用を賄い、医業利益を確保する、ということを意味するのである。また、この付加価値を従業員数で除した従業員数1人当たりの付加価値額は、労働生産性として認識することができる。これは図1-3に示すように、従業

＊3　一般的には、「イービットディーエー」「イービットダー」などと呼ぶことが多い。また、「償却前利益」ともいう。

員1人当たりの収益と付加価値率に要素分解することができる。つまり、少ない人員で収益を上げつつ、付加価値率を高めるためにはコストダウンを検討する等、労働生産性は効率的な医療機関の運営に関する指標として利用することができる。ちなみに、近年の働き方改革においては、時間当たりの付加価値額を高めることが求められていることから、従業員1人当たりではなく、総労働時間で除すことでその指標を得ることも可能である。つまり、少ない人員数で高い効果を得ることから、これに加えて時間当たりの生産性向上が求められていると考えられるのである。

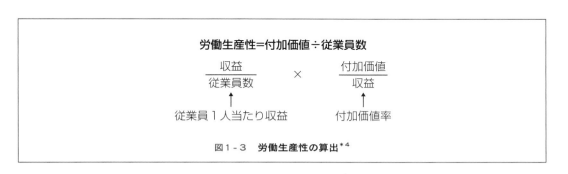

図1-3　労働生産性の算出[4]

　一方、付加価値を構成する給与費と設備関係費と医業利益から、付加価値に占める給与費の割合を労働分配率としてとらえることで、給与の妥当性を評価する指標として活用することが考えられる。労働分配率が100%を超えた場合は、付加価値に比べた給与負担が多すぎることになるわけである。

　これらの指標を組み合わせて、経年変化を分析することで、医療機関の経営効率の推移を分析することもできる（図1-4）。

例えば、人員増や施設設備などの先行投資を行うと、労働生産性や労働分配率が悪化するが、この投資効果で患者数や診療単価が増加して収益が確保できれば、これらの数値は改善するのであり、その推移を分析することで、経営改善の検討につなげるなどの活用が考えられる。

　さらに、これらを他病院とも比較することができれば、自院の位置づけが明確となり、そこから強みや改善点を見つけることも可能となる。

　このように、管理会計においては、「利益」の定義を多面的に考え、測定を行い、分析し、組織内に公表することで、運営上の行動変容を促すことが可能となることから、原価管理や予算管理等において活用することができるのである。

＊4　渡辺明良編著、実践病院原価計算、P19、2014年、医学書院

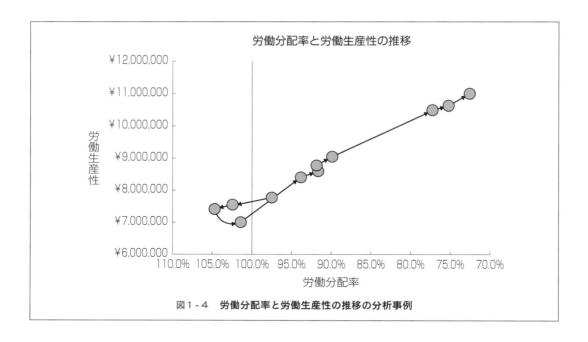

図1‐4　労働分配率と労働生産性の推移の分析事例

❸ 医療機関における原価計算の今日的課題

　現在では、医療機関における原価計算の実施は、管理手法としてある程度確立していると考えられるが、筆者が原価計算の実務を担当した1980年代中頃と比較すると、その変化は隔世の感がある。

　荒井（2009）は、図1-5）に示すように病院原価計算の歴史的展開の整理を行っている。この変遷を見ると、第二次世界大戦の終戦後、日本の病院管理学のテキストとして導入されたとされる、マッケクラン（M.T. MacEACHERN）によって1947年に出版された「Hospital Organization and Management」の中に、原価計算の章が存在する。ここには、全部原価を対象とし、実際原価による階梯式配賦を用いた部門別原価計算の手法が記述されていることから、この手法が日本の病院原価計算の基本的な手法として確立したのではないかと考えられる。

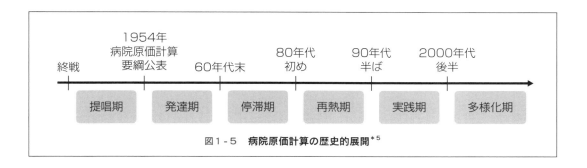

図1-5　**病院原価計算の歴史的展開**[*5]

　また、1960年代の高度成長期においては、物価上昇に伴い病院経営が困難となった時期に、この原価計算を用いて診療報酬に対する採算性の分析を行うなどの実践がなされた。このような実践から、この時期は原価計算の発達期として認識されている。その後、2年に1度の診療報酬改定が安定的に実施された時期は、病院経営において原価計算の必要性が認識されず、停滞期となった。

　ところが、1980年代に入ると、日本の病院数は10,000を超え、量的充足となったことから、地域医療計画などに代表される病床規制や医療費抑制などの政策が行われ、その結果、病院経営が厳しくなった。このような経営環境の変化において、原価計算の必要性が

*5　荒井耕、病院原価計算、P4、2009年、中央経済社

再認識されることとなった。さらに、1990年代中頃からは、レセコンやオーダーリングなどの情報システムの発展や、パソコンの普及などから、病院原価計算を実施する病院が増加した。病院原価計算は部門別原価計算から、患者別原価計算や疾病別原価計算など、その手法の研究や実践も活発化した。2000年代後半以降、電子カルテの導入など、情報システムの更なる発展もあり、医療機関の経営手法として、セグメント会計やアメーバ式原価計算など、多様な手法が展開されることとなった。

　このような医療機関における原価計算の変遷を見ると、従来の医療機関の原価計算は、その手法の開発に重点が置かれていたことが分かる。

　情報システムなどが発達しておらず、手作業で原価計算を実施していた時代においては、実務的には年1回程度の実施が限度であり、またその手法も前述の通り、階梯式配賦を用いた手法の開発と実施が限界であったと考えられる。しかし、現在では情報システムを活用して毎月ほぼ自動的に原価計算データを抽出することが可能となっていることから、その手法も多様化が見られる。つまり、従来の手法だけはなく、経営管理上の目的に応じた原価計算を実施することが課題として認識されるのである。

問題1 医療機関における財務会計と管理会計において、管理会計の実施の必要性をどのように説明すべきか？

解答 1

　財務会計は、法令や諸制度によって、作成が義務付けられていることから、外部の利害関係者に経営の結果を「見せる」会計として必須であるが、管理会計は、経営状況の把握やチェックなど、経営管理のために必要な情報を、管理者の意思によって「見る」会計として、財務会計ととともに必要不可欠な会計である。結果だけでなく、その原因に着目することで、改善につなげることが可能となる。

解説 1

　例えば、自動車の運転に当てはめると、何キロメートル走ったか、という結果を示すものが財務会計とするならば、運転の平均スピードや燃費などを示すものが管理会計といえる。これらのデータを分析することで、燃費の改善や適正なスピードなどを評価することにつながるのである。

　この事例のように、財務会計は過去の結果を示すデータであり、管理会計は現在の状況を示すデータである。

　また、自動車の運転では、目的地までのルートや料金・時間等を事前に調べることもあるが、このような予測も管理会計の扱うデータとなる。

　医療機関の経営においても、自動車の運転と同様、目的地を定め、効率的に到着するための手段を検討し、各種データを見ながら運営し、結果の評価を行うことを考えると、財務会計と管理会計が不可欠であることが理解できる。

問題 2

管理会計における利益のとらえ方において、以下のデータから、A病院・B病院の付加価値、労働生産性と労働分配率を算出せよ。

	A病院	B病院
職員数：	400 人	380 人
医業収益：	5,600 百万円	6,600 百万円
医業費用：	6,018 百万円	6,404 百万円
（給与費）	（3,900 百万円）	（3,850 百万円）
（材料費）	（1,148 百万円）	（1,374 百万円）
（委託費）	（ 480 百万円）	（ 500 百万円）
（設備関係費）	（ 180 百万円）	（ 240 百万円）
（経費）	（ 310 百万円）	（ 440 百万円）
医業利益	△ 418 百万円	196 百万円

A病院　付加価値：3,662千円

労働生産性：9,155千円／人

労働分配率：106.5%

B病院　付加価値：4,286千円

労働生産性：11,279千円／人

労働分配率：89.8%

A病院

付加価値＝収益—（材料費＋委託費＋経費）

＝5,600-（1,148＋480＋310）＝3,662千円

労働生産性＝付加価値÷職員数＝3,662百万円÷400人＝9,155千円／人

労働分配率＝給与費÷付加価値＝3,900÷3,662×100≒106.5%

B病院

付加価値＝収益—（材料費＋委託費＋経費）

＝6,600-（1,374＋500＋440）＝4,286千円

労働生産性＝付加価値÷職員数＝4,286百万円÷380人≒11,279千円／人

労働分配率＝給与費÷付加価値＝3,850÷4,286×100≒89.8%

第2章
原価計算に関する基本的理解の必要性

1「原価」の基本的理解
2 原価の定義

　ここでは、医療機関における原価計算を理解するうえで必要となる、いくつかの論点について検討する。

　原価計算を「原価」と「計算」に区分すると、「原価」に対する理解と「計算」の手法に関する理解が必要となる。また、原価計算によって算出されるのは「原価データ」であるが、経営管理に活用するためには、データに考察を加え「原価情報」とすることが重要となる。

「原価」の基本的理解

　原価計算において、「原価」や「コスト」、「費用」「支出」など、さまざまな用語が用いられる事例が見られるが、これらの用語は明確に識別しなければならない。

　「コスト」は費用や経費、原価など、さまざまな意味で用いられる実態があると思われるが、特に医療機関では、学会の抄録や発表などにおいて、「○○に関する費用分析を行った結果、DPCでは◎◎点に対して出来高では△△点であり……」や、「○○検査と××検査のコストを比較した結果、○○検査の方が△△点コストが多くなることが判明し……」などのように、収益のことを「コスト」と表現する事例がある。これでは間違った議論やずれた議論に陥る恐れがあることから、このような表記は改めるべきと考える。

　また、「支出」は実際のお金の動きであるキャッシュフローに着目したものであるのに対し、「費用」は財務会計上、通常は発生主義で扱われる。例えば、診療材料を購入し、これを患者に使用するという一連の流れで見ると（図2-1）、ここでは1個500円の診療材料を10個購入し、これを現金で業者に支払ったとする。この場合、500円×10＝5,000円の現金の支払いは、「支出」ということになる。購入した診療材料を倉庫に保管すると、在庫として認識され、このうち5個を患者に使用した場合は500円×5＝2,500円が「費用」として認識されることになる。ちなみに、この診療材料の使用により得られる診療報酬が2,750円だとすると、この2,750円は「収益」として認識され、レセプト請求を行い、これが入金された段階で「収入」と認識されることになる。

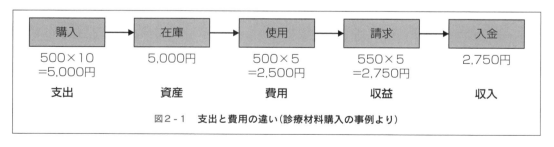

図2-1　支出と費用の違い（診療材料購入の事例より）

　このように、「支出」と「費用」は明確に区分して用いる必要がある[6]。
　次に、「費用」と「原価」の違いについて考える。
　櫻井[7]は、「原価」は次の4つの条件に合致しなければならないとしている。

---

[6]　もちろん「収入」と「収益」も区分すべきである。

①経済価値の消費であること

②給付ないし原価計算対象に転嫁される価値であること

③経営目的に関連していること

④正常的であること

経済価値の消費については、例えば、空気には経済価値はないため、原価にはなり得ないが、医療用酸素は経済価値があり、診療の給付に対するコストとして認識されることから、原価になりうる[8]。

また、原価計算対象に転嫁される価値の消費を考えると、例えば、病院会計準則によれば固定資産税は医業費用として認識されるが、例えば医療機関の敷地にある駐車場の運営を業者に委託して管理している場合、その業者から得られる場所使用料収益は、医業外収益として認識されることから、収益と費用の関係が整合しなくなる。そこで、駐車場にかかる固定資産税は医業外費用として認識し、原価対象から外す必要がある。

経営目的の関連を考えると、例えば、支払利息は財務上の費用であり、医療機関の経営目的である医療提供とは区分されることから、原価対象から外すことになる。

正常的であることとの関連では、例えば偶発的災害などによる特別支出は、経常的費用でないことから、これも原価対象から外す必要がある。

これらのことから、医療機関の原価は、病院会計準則で定める医業費用を基礎としたうえで、医業収益との整合性を考慮することで、費用と原価の識別が可能となることが分かる。そのためには、財務会計の段階で、これらの識別を行うための洗練化が求められる。これらの洗練化を図ったうえで、医療機関の原価計算は医業収益と医業費用をその対象とすべきである。

ここで1つの疑問が生じる。原価計算の対象を医業収益と医業費用とすると、原価計算で導かれる利益は、財務会計上の利益と一致しないことになるため、この点をどのように理解すべきか、という疑問である。

結論から言えば、第1章で述べたように、管理会計の目的と財務会計の目的は異なるため、計算の結果得られる利益も異なるのは当然である。製造業などで用いられる工業原価計算など、財務諸表の作成のための財務会計目的で実施する原価計算もあるが、医療機関の場合は、原価管理や経営意思決定などの目的で実施することが多いことから、その目的に応じた利益の概念を用いるため、財務会計上の利益と異なるわけである。例えば、病院の退職給付会計において、数理計算上の差異は給与費として認識されるため、財務会計上の利益に影響を与えることになる。原価計算の場合は、数理計算上の差異は医療活動そのものとは関連が少ないことから、原価対象外とすべきであり、その結果得られる利益は当然財務会計とは異なるわけである。

＊7　櫻井通晴、管理会計第4版、P102、2010年、同文館出版
＊8　渡辺明良編著、実践病院原価計算、P45、2014年、医学書院

② 原価の定義

　一般的な原価構成は「原価」と「販売費及び一般管理費（以下「販管費」という）」に区分され、その合計は「総原価」として認識される。また、「原価」はさらに「直接費」と「間接費」に区分される。一方、病院会計準則の場合は、「原価」と「販管費」の区分はなく、「医業費用」として、給与費・材料費・委託費・設備関係費・経費などに区分される。つまり医業費用は総原価として認識されることになる。（図2-2）このことから、一般的な原価構成と病院会計準則を考えると、原価の定義をさらに整理する必要が生じる。

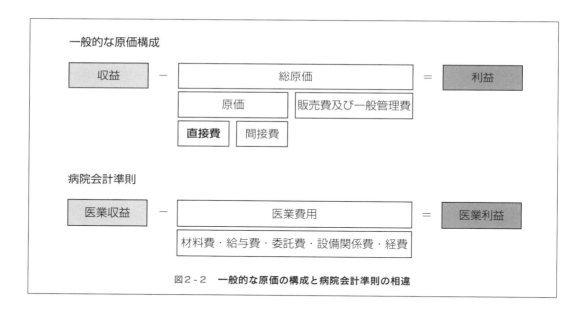

図2-2　一般的な原価の構成と病院会計準則の相違

　病院会計準則を用いて財務会計を行っている医療機関において、原価計算を実施する場合は、原価と販管費が区分されていないため、原価と販管費をどのように区分すべきか、という課題が生じる。そこで筆者は、医業費用を「医療原価」と「医業管理費」に区分したうえで、医療機関の原価計算を行うことを提唱したい（図2-3）。
　ここで課題となるのは、一般的な原価区分で販管費となる「医業管理費」には何を設定すべきか、ということである。例えば、法人の理事会運営に係る費用は明確に医業管理費として認識されることになるが、情報システムに関する費用は医療原価と医業管理費に共通

しているとも考えられる。これらの区分は、各医療機関の運営実態によって異なることから、各医療機関において、何を医業管理費とするのか、その定義を明確にする必要がある。

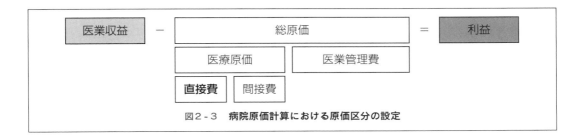

図2-3　病院原価計算における原価区分の設定

この区分を行う上で、セグメント会計の実施が想定される。セグメント会計は、経営管理上の必要性に応じて、事業の構成単位に会計情報を区分するものであり、医療機関においては、例えば病院事業や健診事業、介護事業などの事業単位で会計を区分したり、情報システム費用や管理部門の費用を区分するなど、特に重要な事業における会計情報を明確にすることで、経営意思決定や業績管理などの経営管理に使用する手法である。

セグメント会計を行うことにより、医療そのものに使用している医療原価と、医療機関の運営管理に使用している医業管理費について、財務会計段階で区分することが可能となることから、病院事業における部門別管理は医療原価を対象として原価計算を行うことができる（図2-4）。

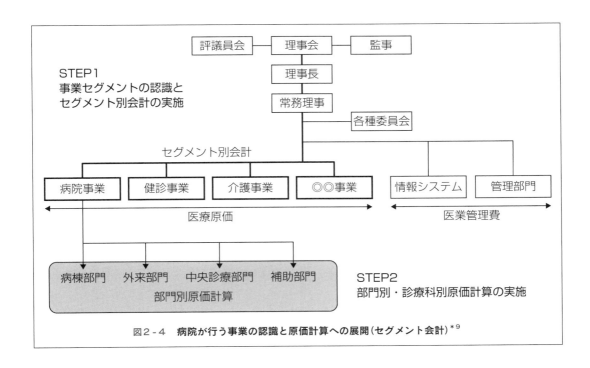

図2-4　病院が行う事業の認識と原価計算への展開（セグメント会計）*9

　こうすることで、月次損益の管理において、事業単位の採算状況を把握し、課題の抽出や改善策の検討などにつなげることができる（図2-5）。

　つまり、医療機関において原価計算を行う場合、第1ステップとしてセグメント会計を実施し、医療原価と医業管理費を区分したうえで、第2ステップとして医療原価を用いて、部門別原価計算や診療科別原価計算などの部門管理に展開することが考えられるのである。

　このためには、日常の会計処理段階において、部門コードを付して仕訳処理を行うなど、財務会計の洗練化が求められる。つまり、経営管理的指向に基づく財務会計の実施が課題として認識される。

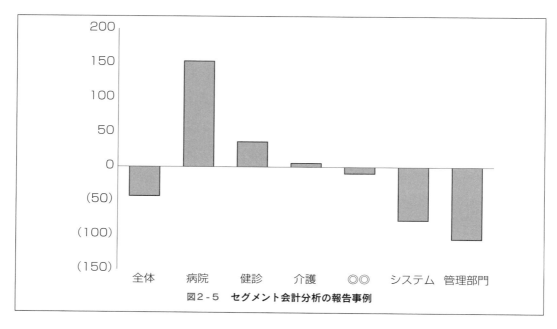

図2-5　**セグメント会計分析の報告事例**

　次に、原価の要素を考える。その基礎的な分類は、一般的には製品を製造するための原材料の消費としての材料費、労働力の消費としての労務費、その他の経営資源の消費としての経費に分類され、これは形態別分類と呼ばれる。医療機関で用いられる病院会計準則の費用科目では、材料費と給与費とその他の委託費[10]や設備関係費や経費に区分されることになる。

　また、この3要素については、例えば経費の中には光熱水費や減価償却費などがあり、労務費であれば給与費や賞与などがあり、その役割や目的などに応じて詳細に区分することができ、これは機能別分類と呼ばれる。医療機関における病院会計準則では、例えば材

＊9　渡辺明良編著、実践病院原価計算、p.114、2014年、医学書院
＊10　委託費には、人材派遣費などのように、労働力の消費に該当する費用も含まれていることから、一部は給与費と合わせて区分することも考えられる。

料費は診療材料費や医薬品費、給食材料費などに区分されることから、これらの費目は機能別分類が行われていることになる。

　さらに、製品との関連による原価の分類として、直接費と間接費があり、これは製品関連分類と呼ばれる。医療機関においては、部門別原価計算であれば部門関連分類としてとらえ、当該部門に直接発生する材料費であれば直接材料費、当該部門に対して間接的に発生する材料費であれば間接材料費、として整理することができる。診療科別原価計算であれば診療関連分類、患者別原価計算であれば患者関連分類として同様に考えることになる。

　前述の原価区分と合わせて考えると、医療機関の原価計算は、機能別分類による病院会計準則の科目を用いて、各科目のうち「医療原価」を特定し、原価計算の目的に応じた製品関連分類による原価を識別して実施する、ということになる（図2-6）。

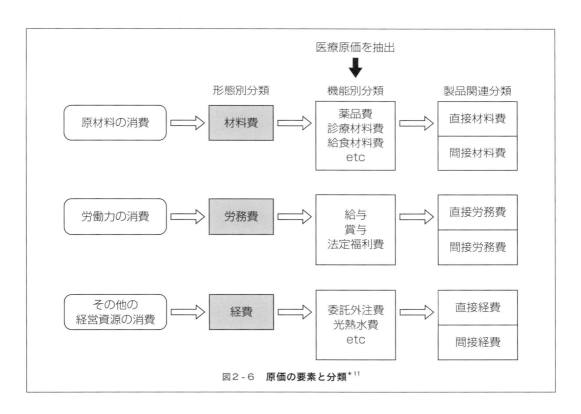

図2-6　原価の要素と分類[*11]

　ただし、例えば特定の診療行為の採算性を把握し、効率化を図るために原価計算を行う場合などは、直接費のみを使用した方が実務的である場合もある。このように、原価計算の目的によって、原価の範囲を定義することも必要であり、「異なる目的には、異なる原価を」(different costs for different purposes)と言われている[*12]。

＊11　渡辺明良編著、実践病院原価計算、p.46、2014年、医学書院より改変
＊12　岡本清、原価計算、P6、2000年、国元書房

問題 1 部門別原価計算による業績評価において、治験の費用は原価として認識すべきか否か？

治験の採算性を考慮しない場合は、原価対象外とすべき。

　治験収益は、病院会計準則では医業外収益として認識されることから、治験の費用も医業外費用となる。よって、部門別原価計算を実施する場合、当該部門の業績評価の対象に治験を含めない場合は、治験の費用は原価とせず、対象外とすべきである。もちろん治験収益も原価計算上の収益から除外すべきである。

　この場合、治験収益とそれにかかる原価に着目した特殊原価調査によって、治験の採算性を分析することが実務的であると考える。治験の事業規模が大きい場合は、後述する「セグメント会計」の実施も考えられる。

問題 2

下記１．〜３．の目的に用いられる原価（①直接費、②医療原価　③総原価）の範囲は、それぞれどれが適切か。

１．診療報酬策定における原価計算
２．部門業績評価のための原価計算
３．業務改善のための原価計算

**解答
2**

1．③
2．②
3．①

**解説
2**

　診療報酬を策定する場合は、医療原価では販管費である医業管理費が診療報酬で賄えなくなることから、総原価を対象とすべきである。また、部門業績評価の場合は、医業管理費は当該部門では管理不可能であることから、医療原価を原価の対象とすべきである。

　業務改善の場合は、直接費を詳細に分析して原因と対策を検討することが有効である。

第3章

原価計算の手法

　ここでは、原価計算の基本設計を示し、階梯式配賦法を用いた原価計算の手続きとそのポイントを説明するとともに、従来用いられてきた階梯式配賦による原価計算の課題を示す。そのうえで、標準原価を用いた原価計算の手法とその活用について考える。

原価計算の基本設計

医療機関において原価計算は、以下の基本的な項目についてあらかじめ設計することで、効率的・効果的な原価計算の実施につながると考えられる。

1　原価計算の目的（業績単位の設計）

まず、原価計算実施の目的を明確にする必要がある。その目的によって業績単位の設計が異なるからである。

前述のセグメント会計のように、事業別の業績評価を目的に実施するのであれば、「事業」の識別を行い、事業ごとに収益と原価を把握する必要がある。また、病棟や外来、中央診療部門などの部門別に原価計算を実施する場合は、「部門」の設計が必要である。さらに、診療科別の採算性を把握するために実施するのであれば「診療科」の識別、患者別に実施する場合は、どのような「患者」もしくはどのような「疾病」を対象とするのかを明確にする必要がある。

このように、原価計算の目的によって、原価データの抽出方法やその難易度も異なることから、業績単位の設計を十分に検討することが求められる。

2　業績測定単位の責任変数の設計

次に、設定した業績単位に対して、どのような管理の視点を持つのかについて、あらかじめ理解しておく必要がある。

例えば、診療科別の収益を把握し、これをもとに管理を行うのであれば、各診療科は「収益センター」として認識される。また、診療科別原価計算の実施目的が各診療科の採算性の把握と改善策の実行にあるのであれば、各診療科を「利益（プロフィット）センター」として認識して診療科別の原価計算を行う。この場合は、得られるデータは診療科別の収益のみではなく、原価を把握することで診療科別の利益を求めることになる。

また、管理部門などのように、収益は発生せず、原価のみが発生する部門については、その原価の把握と適正化という目的で原価計算が実施されることになる。この場合、当該部門は「原価（コスト）センター」として認識されることになる。

さらに、高額な設備投資などの投資対効果に対する採算性を分析する目的で原価計算を

行う場合は、当該案件は「投資センター」として認識されることになる。

　これらの業績単位は「責任センター」とも呼ばれ、これらを正しく認識することで、各センターの管理目的が明確となる。また、各センターの分析手法も異なることから、原価計算の実施については、業績単位がどのような責任センターとして位置付けられるのかを明確にする必要がある。

3　担当組織の設計

　原価計算を実施するための組織体制の設計も、効率的・効果的な原価計算の実施に必要な要素となる。

　これは、医療機関の規模によってもその体制は異なる。小規模な医療機関の場合は、医事課や経理課などで、通常業務に付随して原価計算を実施するという体制が見られる。この場合、人員や作業時間に限りがあることから、原価計算のパッケージソフトなどを用いるなどの手法が想定される。ただし、詳細な原価計算や分析などを行う場合は、コンサルタントを活用する等、自施設以外のサポートが必要となる場合もある。

　大規模な医療機関の場合は、経営企画室などの企画部門において、電子カルテやデータウェアハウスなどを活用するなど、経営マネジメントツールを導入して原価計算を実施する体制が見られる。この場合は、患者別原価計算や疾病別原価計算など、詳細な分析を行うことが可能となる。ただし、原価計算の目的を明確にしなければ、整備した体制が十分に活用されないことになるため、企画部門の手腕が問われることになる。

　また、原価計算を効率的・効果的に実施するためには、原価計算の実施の都度、別途作業を行うのではなく、通常業務の一連のプロセスにおいて、自動的に原価データを抽出できるような仕組みを整備しておくことも重要である。この整備は、通常業務のプロセス改善にも寄与することから、担当組織の設計と合わせて実施することが望まれる。

② 原価計算手続きの基本的な考え方

　一般的な原価計算の手続きは、例えば工場において製品を生産する際に係る原価を算出する場合は、まず生産に必要な原材料を購入し、これを工場の生産ラインに投入する。生産ラインでであれば、製造や組み立てなどに要する労務費や経費が算出され、製品が完成し、これを倉庫に保管したのち、物流を経て販売されるという一連の流れの中で、原価が算出される（図3-1）。

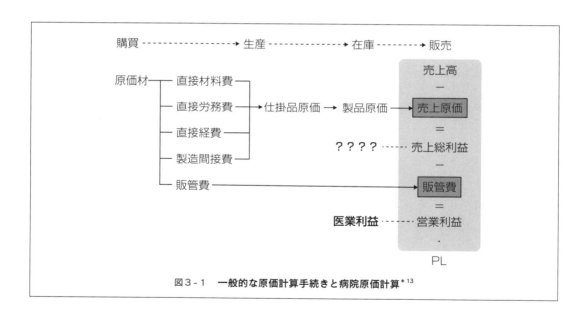

図3-1　一般的な原価計算手続きと病院原価計算[*13]

　この流れを見ると、生産に投入される材料や組み立てなどに要する労務費や経費は直接原価として認識される。また、例えば工場の光熱水費などは、生産ライン以外にも発生するため、直接把握できないことから、生産に要するコストに配賦する必要があるため、間接原価として認識される。

　また、これらの生産ラインの途中にある状態は仕掛品と呼ばれ、生産途中のコストは仕掛品原価となる。製品が完成したものは、製品原価として認識され、これが販売された際には売上原価として認識することになる。

＊13　岡本清、原価計算、p18、2000年、国元書房より改変

　原材料コストは、購入単価の変化が原価に反映され、生産ラインの生産性の変化によって仕掛品原価が変動するため、製品原価にもその変化が反映される。つまり、倉庫にある個々の製品の原価は、まったく同一ではないため、販売された製品の売上原価の把握も管理しなければならない。これらは、先入れ先出し法や移動平均法などの手法を用いて計算が行われる。

　しかし、医療機関においては、医療サービスの生産と提供は同時に行われるため、医療サービスの提供は製品のように仕掛品や在庫という概念がないことから、この点を考慮した手法が求められる。また、前述のとおり、病院会計準則には販管費の設定がされていないため、図３-１に示すように一般的な原価計算プロセスの売上総利益が算出されず、営業利益段階が医業利益として算出されることになる。この点からも、医療機関の原価計算においては、販管費に位置付けられる「医業管理費」を定義し、売上総利益に相当する利益を算出し、経営管理に反映する必要があると考えられるのである。

　では、医療機関の原価計算手続きはどのように展開すべきなのだろうか。
この原価計算の手続きの基本的な考え方として、まず、業績測定単位に対する収益と原価の対応関係を考慮する必要がある。

　例えば、外科外来の採算性を分析する、という取り組みを想定すると、まず外科外来の収益を把握することになる。これは、診療報酬明細書（レセプト）を基本として、医事システムなどから抽出することが可能である。一方、原価の算出は、この収益を上げるために、外科外来が当該病院の経営資源をどのくらい消費したのか、という観点で考える必要がある。

　これは図３-２のように、患者が病院を来訪し、診療を受けて帰宅するまでの一連のプロセスにおいて、どのような原価がどこでどのくらい発生したかを算出することになる。

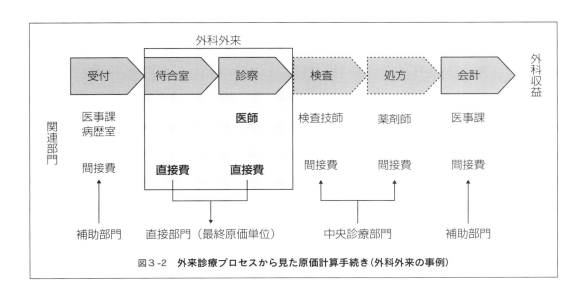

図３-2　**外来診療プロセスから見た原価計算手続き（外科外来の事例）**

外来診療は、患者は病院の医事課で受付を行い、外科外来の待合室を経由して診察室で医師の診察を受ける。その結果必要に応じて検査や薬の処方などが行われ、最後に医事課で会計して帰宅する、というプロセスを経ることで、外科の収益が発生すると考える。

外科の待合室や診察室で発生する医師や看護師の給与や処置で使用される材料費などの原価は外科外来で直接発生するため、これを「直接費」と呼ぶ。一方、医事課の受付では、外科の専門病院でなければ、複数の診療科の受付を行っていることから、ここで発生する医事課職員の給与費などの原価のうち、外科の分を算出しなければならない。

この原価を正しく算出するためには、医事課事務職員の時間当たり給与費を算出したうえで、外科外来の受診患者の受付に要した総時間数を記録し、これに時間当たり給与費を乗じることで、外科外来に係る医事課受付の給与原価が抽出できる。ただし、この手続きを行うためには、医事課受付において、患者一人ひとりに要した時間を正確に記録することが必要となることから、この作業に係る業務時間と費用がかかることになる。この事例のように、正確な原価を算出するための作業コストがかかることは合理的ではない。

そこで、このような場合は、受付で発生する原価を各診療科に配分する方法が取られる。いわゆる「割り勘」が行われるのである。食事会などにおいて「割り勘」が適用されるのは、参加者個々の飲食の料金を正しく算出しようとすると、その都度測定し合算しなければならず、合理的でないからである。そのため、参加人数や男女別、上司と部下などのように、一定の基準を設けて飲食代の総額を個々に配分するのであり、これが成立するためには、参加者の合意が必要となる。

原価計算においても、正確に記録することが合理的でない場合は、「割り勘」をすることによって、効率的な配分を行うことが可能となる。これを「配賦」と呼ぶ。例えば、受付の原価を配賦する場合は、診療科別の受付人数割合を用いて配賦するなどのルールを設定することになる。このルールは「配賦基準」と呼ばれる。配賦基準が成立するためには、その納得性が重要となるため、原価計算の実施に際してあらかじめ配賦基準を検討し、決定しておく必要がある。

これは、検査や処方などにおいても同様に配賦基準を設定し、検査や処方の原価を配賦する手続きを取る。このように、配賦を用いて算出する原価は「間接費」として認識される。

また、配賦を行うことは、その段階で厳密な正確性は失われる。この配賦に正確性を追求すると、精緻な配賦基準の設定とその算出の困難性が生じることから、作業コストとの関係を考慮したうえで配賦基準を設定することが実務上求められる。

この点において、第1章でも述べたように、正確性が求められる財務会計に対して、管理会計が意思決定や業績管理などの目的に合った、有用な会計情報を迅速に提供することが重要となるのである。つまり、正確性の追求よりも迅速に有益な情報を提供することを優先させることが、原価計算手続きにおいて考慮を要する点である。

③ 収益の抽出

　医療機関においては、診療報酬を基に得られる発生主義で捉える「収益」と、実際に入金された現金主義で捉える「収入」は明確に区分したうえで、原価計算による採算性の分析は「収益」を対象とする必要がある。

　この「収益」と「収入」の関係は**図3-3**のように整理することができる。

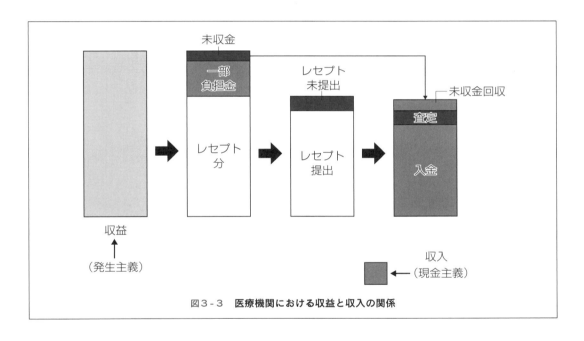

図3-3　医療機関における収益と収入の関係

　医療行為の実施は、診療報酬点数に基づき稼働額が算出される。また診療報酬外の自費収益もこれに加わる。これらの合計はいわゆる売上高として認識され、これを「収益」と定義する。病院会計準則における医業収益は、入院診療収益、室料差額収益、外来診療収益、保健予防活動収益、受託検査・施設利用収益及びその他の医業収益等に区分され、損益計算書では、保険等査定減を控除して算出するが、原価計算においては、この査定減の取り扱いを含めるか否か、検討する必要がある。筆者は、原価計算においては、医療サービスにより得られるべき収益を把握するという意味から、査定減は考慮せずに収益を認識することが望ましいと考えるが、各医療施設において、この点を定義したうえで算出する必要

がある。

　また、図3-1に示すように、医療機関においては、現金取引の販売とは異なり、収益はそのまま収入にならず、一部負担金とレセプト請求分に分離される。レセプト請求分はレセプト提出後約2か月後に医療機関に入金される。このことから、一部負担金収入とレセプト提出後の入金が主たる「収入」として認識される[*14]。この一連の流れにおいて、一部負担金の段階では未収金のリスクが発生し、レセプト提出段階ではレセプト未提出というリスクが発生する。さらにレセプト提出後は保険査定減というリスクが発生する。これらのリスクはいずれも、収益が現金化されないことから、収益との差異がここで生まれる。

　このため、未収金や未提出レセプト、査定減は、いずれも医事課内の問題ではなく、病院全体の経営管理上のリスクとして管理しなければならない。例えば、前月末時点の未収金と未提出レセプトの状況を翌月の経営会議において院長や副院長、事務長などの経営幹部に報告し、その対策を検討するなどの対応が求められる。未収金であれば、その内訳として回収可能・不可能を識別するとともに、場合によっては法律事務所と連携するなどの対策を講じることが考えられる。また、未提出レセプトであれば、その理由は大きく3つに分類される。1つは医師の病名未記入などにより未提出となるなど、診療側に原因がある場合である。この場合は、未提出の金額と件数の多い診療科に対して、医事課などの事務部門からの依頼だけでなく、院長や副院長が直接当該診療科の責任者に指導する等、病院全体での管理が求められる。2点目は生活保護や公費など、行政からの書類が届かないことでレセプトが未提出となる場合である。これは対外的な要因のため、コントロールが困難な側面もあるが、医事課から問い合わせを定期的に行うなど、早期化の取り組みを行うことが考えられる。3点目は医事課の人員不足や知識不足などによりレセプトが未提出となる場合である。これに対しては医事知識の研修やトレーニングなど、医事課職員の能力開発を行うとともに、場合によっては人員補充も必要となる。これらのデータを毎月の経営会議で報告し、対策を講じるなど（図3-4）、収入を確保するための管理は、原価計算とは別に経営管理上必要となる重要なものである。

　収入を用いて原価計算を実施する場合は、これらの活動も考慮する必要があることから、原価計算手続きの効率性を考慮するという点において、収入ベースではなく、収益ベースでの実施が望ましいと考えられるのである。

　そのうえで、収益の抽出は、診療科別であればレセプト単位での抽出により稼働額の算出は比較的容易であると考えられるが、病棟別に収益をとらえる場合は、医事システムなどにおいて、日々の稼働額の算出に際し、当該患者の入院病棟を設定する等、病棟ごとに収益を算出できるようなシステム構築が必要となる。

　また、転棟や転科があった場合に、どちらの診療科や病棟に収益を計上するのか、といったルールも事前に設定しておく必要がある。これらは、原価の算出も同様であり、収益と

＊14　未収金が回収されれば、これも収入として把握される。

原価の対応関係を合致させる必要がある。

一方、補助金収益を含めるかどうか、という点も考慮する必要がある。病院会計準則では、補助金収益は医業外収益として認識されるため、基本的には補助金収益は含めないで採算性分析を行うことが考えられる。これは、補助金計上前の段階で、係るコストに対する採算性をとらえるという意味を持つ。ただし、部門別業績管理の目的で原価計算を実施する場合において、救急医療や小児医療など、診療報酬体系では非採算となる可能性が高い部門については、その補填の手段としての補助金を加えた段階の採算性を用いて業績評価を行うことも考えられる。これらについては、各医療機関において、あらかじめルールを設定することが実務上必要と考えられる。

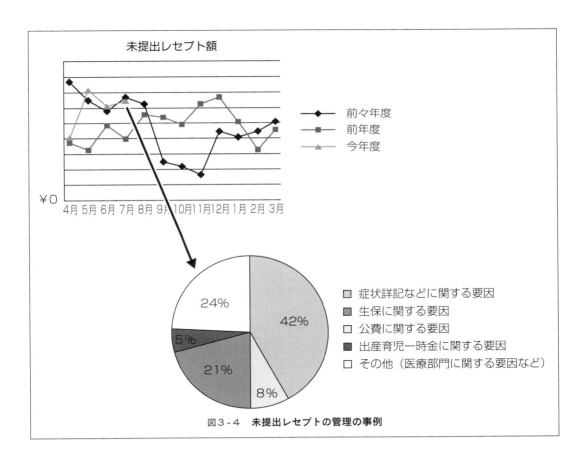

図3-4　未提出レセプトの管理の事例

4 費目別計算

1 給与費の算出

　給与費は、前述の一般的な原価計算の場合は、生産ラインで直接従事した直接作業時間に、時間当たり賃金である「賃率」を乗じて計算する。しかし、医療機関の原価計算の場合、医療サービスの提供時間に賃率を乗じる手法も可能ではあるが、医療サービスの提供は各診療科や病棟や外来などの各部門で行われていることを考えると、原価計算の対象となる当該部門の職員毎の給与費を算出することが実務的であると考えられる。

　部門別原価計算の場合は、医師は病棟や外来、手術室など、医療機関の様々な部門で業務を行うことから、各部門での就労時間を把握し、これに賃率を乗じる手法も考えられる。この場合、精緻に把握するためには電子カルテシステムなどを用いて医師の部門別就労時間をモニタリングする仕組みなどが必要となるが、作業コストを考えると現実的な手段とならない。このため、一定期間調査を行うタイムスタディ法や、自己申告などの手法を用いて標準的な部門別就労時間を設定することも考えられる。ただし、この場合は医師の勤務実態をある程度反映したものであることが求められる。

　また、賃料の設定にあたり、時間外手当の処理を検討する必要がある。一般的には、時間外手当の支給は、前月の時間外勤務時間に相当する手当を翌月の給与で支給する手続きとなる。就労時間に対応した厳密な賃料を計算するためには、実際に時間外勤務を行った月の時間外手当を用いて賃料を計算することになるが、このための作業コストを考えると、当月支給された時間外手当も含めた給与費を用いることが実務的である。

　その他、賞与や交通費の計上についても、あらかじめルールを設定しておく必要がある。例えば交通費の支給が３カ月毎や半年毎の場合、当該月に交通費を給与費として算出すると、原価の月変動が大きくなる。また、賞与も同様の影響が出る。このため、各従業員の交通費支給額や賞与想定額をあらかじめ算出し、これを１カ月当たりに平準化することで、原価のブレが少なくするなどの対応が必要となる。

　これらの給与費を原価計算に用いるためには、毎月の給与費を部門別に集計できるような人事データベースの整備などが必要となる。また、これらのシステムを整備することは、人事業務の効率化という側面からも有効であると考えられる。つまり、通常の人事業務の遂行に付随して、自動的に原価データを抽出可能とすることで、原価計算にかかる作業コ

ストを低減することが可能となるのである。

2 材料費

　医療機関の材料費は、医薬品費や診療材料費、医療用消耗備品や給食材料費などがあるが、これらは各診療現場で消費されることから、部門別に消費金額を算出する必要がある。一般的には、継続記録法や棚卸計算法などにより消費額を計算するが、医療機関で精緻に算出しようとするためには、これに要する人員や作業時間などの管理コストが大きくなることから、これに代替する手法を検討する必要がある。

　医薬品費の原価を算出する場合、例えば医師が患者に使用する注射薬をオーダーしてこれを患者に使用し、その結果を診療報酬で算定するという一連のフローを見ると（図3 - 5）、原価として把握すべきはどの患者にどの薬剤がいつ、どのくらい使用されたかというデータを把握する必要がある。これを精緻に行うためには、電子カルテを用いて患者ごとのデータを抽出し、この患者の診療科や入院部門を特定し、全ての患者のデータを集計することで、診療科別や部門別の医薬品費を算出することができる。

　また、診療材料費の場合は、同様に患者ごとに使用された診療材料費を把握することが理想であるが、そのためには使用された材料すべてを電子カルテなどのシステムに入力する必要がある。部門別の診療材料費を簡易的にとらえるためには、SPD（Supply・

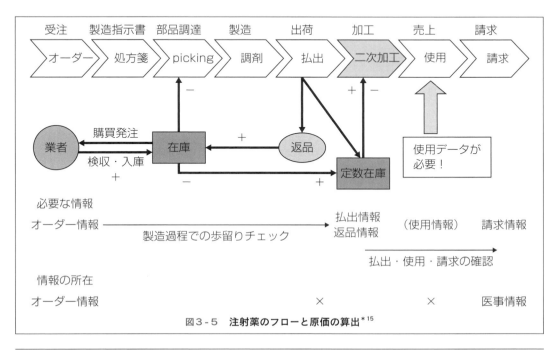

図3 - 5　**注射薬のフローと原価の算出**[15]

---

[15] 渡辺明良、実践病院原価計算第2版、p86、2014年、医学書院

Processing・Distribution）システムを導入している医療機関であれば、部門ごとの在庫は一定に設定されていることから、毎月の部門別の払い出しデータを用いることで、使用された診療材料費を算出することが可能である。

また、給食材料費は直接入院部門に計上するのではなく、厨房など栄養科で発生する原価となることから、給食部門の部門個別費として計上したうえで、診療科や入院部門に配賦する手続きとなる。

3　その他経費

その他の経費として、委託費や設備関係や経費などについては、可能な限り最終原価単位に対する直接費として「直課」を行うことが必要となる。例えば、保守委託費であれば、当該保守委託費がどの診療科や部門で発生しているのかを把握し、財務会計における仕訳処理の段階で部門コードを付して登録することで、原価計算実施の際に直接費として抽出することが可能となる。設備関係費における修繕費なども、同様に発生部門を特定することにより、直接費として計上することができる。経費の科目でも旅費交通費や通信費など、可能な限り部門個別費として直課することができるように、財務会計の洗練化が求められる。

また、直課できないものは部門共通費として、各部門に配賦する手続きとなる。例えば、光熱水費などは各部門の使用量を図るメーターなどがない限り、特定することは困難となる。このため、部門別面積比率などの配賦基準を設けて、配賦することが実務的である。配賦基準については、面積比率をはじめ、職員数比率や患者数比率など、原価の発生要因によって適切な基準を用いる必要がある。原価計算結果の納得性を得るためには、この設定が重要となる。しかし、配賦基準の正確性を追求しすぎると、詳細なデータの抽出や計算手法が複雑になるなど、作業コストが大きくなることから、正確性にこだわりすぎることは、原価計算を困難にする場合があるため、納得性を重点とした配賦基準の設定を行うことが望ましい。

⑤ 部門別計算

　費目別計算により、各原価を部門個別費や部門共通費として抽出したら、次に部門別計算を実施する。

これは、**図3-6**に示すように、入院や外来といった部門や診療科など、第3段階の最終原価単位となる部門に対して、第1段階の費目別計算では直接把握できない間接部門の原価について、第2段階として部門別計算を通じて配賦を行っていくプロセスとなる。

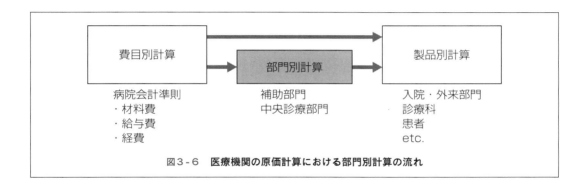

図3-6　医療機関の原価計算における部門別計算の流れ

　例えば、前述の**図3-2**で示した外科外来の原価計算の事例であれば、医事課受付のコストを各診療科に配賦することがこの部門計算に該当する。

　従来の医療機関の部門別原価計算や診療科別原価計算においては、**図3-7**にあるように、コストセンターを補助部門として位置づけ、これを診療科および病棟部門、ならびに検査室などのコメディカル部門を中心とした中央診療部門に配賦する。これは1次配賦と呼ばれる。次に、1次配賦後の中央診療部門の原価を診療部門へ配賦する。これは2次配賦と呼ばれる。このような部門計算のプロセスは、階梯式配賦と呼ばれ、医療機関においては、実際に発生した実際原価を用いた階梯式配賦による原価計算が従来から多く行われてきた。

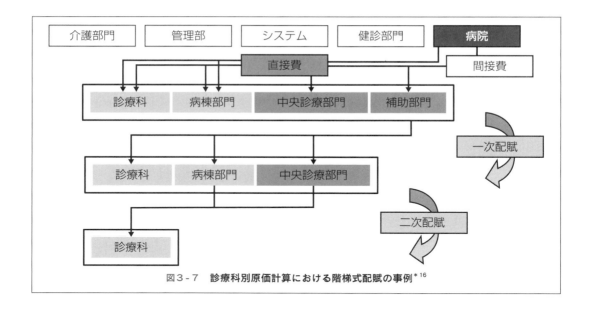

図3-7　診療科別原価計算における階梯式配賦の事例[16]

　1次配賦については、例えば、医事課外来受付のコストであれば、前述の通り診療科別の受付件数を用いたり、医事課入院係のコストであれば、入院患者数比率を用いるなど、補助部門のサービス提供の度合いに応じた配賦基準の設定を用いる。

　2次配賦については、例えば、放射線部門の原価を診療科に配賦する場合、配賦基準として診療各部門からオーダーされ実施された放射線検査の件数比率を用いることが考えられる。しかし、放射線検査の件数といっても、単純撮影からCTやMRI検査まであり、また造影剤の使用の有無によっても検査1件あたりに要するコストは大きく異なる事から、単なる放射線件数比率では納得性が得られない可能性が高くなる。そこで、コストに影響を与える要因を分析し、それらの発生によってどの程度のコストが変化するのかを計測することによって、検査1件当たりの重みづけを行うことによって、コストの高い検査への配賦の納得性を高めることが可能となる。例えば、造影剤の有無や歩行の可否、小児と成人、妊娠の有無など、検査時間に影響を及ぼす要因は多岐にわたる。これらの影響を精緻に分析するためには、実際に検査時間を計測する方法もあるが、作業コストが大きくなるため実務的とはいえない。そこで、実際に検査を実施する放射線技師や放射線科の医師などから、それぞれの要因による影響をヒアリングし、その結果を用いてウェイトを設定する方法が考えられる。これはエキスパートオピニオン法とも呼ばれる。例えば、CT撮影で造影剤を使用すると、検査時間への負荷が20％多くかかるとするのであれば、造影剤が使用された場合は×1.2のウェイトを設定する。また、歩行の患者に対して車いすの患者の場合は×1.5など、要因ごとのウェイトを設定することにより、放射線の実施データ

＊16　渡辺明良編著、病院、71（2）p.157、2012年、医学書院　病院原価計算、手法論から活用論へ（2）手法の再考

から各パラメーターを抽出することによってこれらの要因を加味して配賦することができる。つまり、各検査を各部門が何件実施したかを測定し、各件数×ウェイト＝ウェイト付加後の件数となり、これを用いて配賦基準を設定することになる。この方法は、実際に検査を実施する現場の感覚を件数に反映できることから、配賦基準の納得度を高める効果も期待できる。一方、パラメーターを詳細に設定しすぎると、作業コストが高くなることから、自動的に集計できるようにシステム化する等の工夫が必要である。作業時間や作業コストが大きくなる場合は、納得性との関係で許容される範囲で設定することが必要となる。

　これらは、放射線検査のみならず、生理機能検査やリハビリテーションなど、中央診療部門の2次配賦における利用が想定される。

　このように、納得性を担保したうえで配賦基準をどこまで精緻に考えるかを検討し、その配賦基準のデータを抽出できるかを確認し、作業時間とコストを考えて設定することが配賦基準の設定において重要である。

6 階梯式配賦による原価計算の課題

　一方、この実際原価を用いた階梯式配賦による原価計算の課題として、操業度により配賦額がぶれる点が挙げられる。例えば、仮に1カ月当たりのCT検査の原価の合計が100万円とした場合、その月の稼働件数が100件であれば、1件当たりの原価は100万円÷100件＝1万円となる。しかし稼働件数が50件だとすると、1件当たりの原価は100万円÷100件＝2万円になる。この場合、CT検査をオーダーした診療科から見ると、同じCT検査1件なのに、月によって原価が異なるため、操業度が低い場合は、診療科への負担感が大きくなることになり、原価計算結果に対する納得度も低下する恐れがある。

　この点を解決するためには、実際原価による階梯式配賦で部門計算ではなく、検査1件あたりの原価をあらかじめ設定する標準原価を用いた原価計算の実施が必要となる。

　また、医療機関において階梯式配賦による原価計算が実施されてきた背景として、第2章で述べた歴史的背景から、この手法が標準的な手法として用いられてきた点があるが、この手法の精度を高めることが原価計算研究の中心となっていたこともある。また、そもそも情報システムが十分でない時点では、原価データの抽出そのものに労力と時間を要していたこともその理由の1つとしてあげられる。現在においては、情報システムの発展とともに、標準原価の設定も容易になっていることや、原価計算の目的の多様性という点においても、標準原価を用いた原価計算を行い、経営管理に必要な原価情報の提供につなげることが求められていると考えられる。

標準原価を用いた原価計算

1 標準原価を用いた原価計算の手続き

　標準原価計算は、事前に目標値となる原材料の使用量や加工時間等を設定するため、それらをもとに計算された標準原価と、実際に発生した原価の差額を計算[*17]することができる。

　また、標準原価は理想値ではなく、現実的に達成可能な目標レベルを設定する必要があることから、医療機関において標準原価計算を実施する場合も、この点を意識して標準原価の設定を検討する必要がある。

　標準原価を用いて診療科別原価計算を行う事例を想定する。まず、前述の通り、医療原価と医業管理費を選別し、医業管理費は原価計算対象外とする。次に、直接費の範囲を設定する。ここでは、医薬品費と診療材料費については診療科ごとの使用量を把握することができることから直接費として扱う。また、医師の給与費については診療科ごとに把握することができるため、これも直接費として扱うことができる。これらは各診療科に直課する手続きとなる。これ以外の直課ができない原価は間接費として各診療科に配賦することになるが、この配賦基準として標準原価を用いることになる（図3-8）。

　この原価計算手法においては、まず診療科別の収益に対して直接費を算出することで、この段階における診療科別の採算データを計算することができる。これを直接利益と呼ぶ。直接費は診療科において管理可能な原価であることから、収益に対して直接費が妥当な額になっているかどうかを分析することにより、改善点を抽出することが可能となる。例えば、収益に対して薬剤費が高くなっている場合は、薬品購入単価や薬品の使用量を分析することで、無駄な使用を減らすべくクリニカルパスを見直すなどの対策を講じることができる。このことから、診療科に対して、この段階の利益を大きくすることを経営的な目標として設定することができる。

　次に、間接費を標準原価により配賦することになる。これは、診療科にとっては管理不可能なコストであるが、医業収益を得るために医療機関の経営資源を利用していることから、使用料的な位置づけとして設定されることになる。直接利益から使用料としての間接費を差し引いた利益を、ここでは粗利益と呼ぶ。これがいわゆる売上総利益を指すことに

* 17　岩谷誠治、会計の基本、P188、日本実業出版社、2016年

<table>
<tr><th colspan="2" rowspan="3">部門等
費用項目</th><th colspan="4">発生場所</th></tr>
<tr><th colspan="2">病院</th><th>情報システム</th><th>管理部門</th></tr>
<tr><th>直課可能</th><th>直課不可能</th><th colspan="2">販管費（医業管理費）</th></tr>
<tr><td rowspan="2">材料費</td><td>医薬品費</td><td rowspan="3">直接費用
▼
各診療科に直課</td><td rowspan="10">間接費用
▼
標準原価を
用いて
各診療科に配賦</td><td colspan="2" rowspan="10">原価計算の対象外</td></tr>
<tr><td>診療材料費</td></tr>
<tr><td rowspan="5">給与費</td><td>医師</td></tr>
<tr><td>看護師</td><td rowspan="7">該当なし</td></tr>
<tr><td>コメディカル</td></tr>
<tr><td>薬剤師</td></tr>
<tr><td>事務</td></tr>
<tr><td rowspan="3">その他費用</td><td>設備関係費</td></tr>
<tr><td>委託費</td></tr>
<tr><td>その他諸経費</td></tr>
</table>

図３-８　**標準原価による診療科別原価計算**

なる。これは医療機関内の間接費の使用も考慮した部門別業績管理を行う際に用いる利益となる(図３-９)。

診療科	売上高	直接費	直接利益	間接費	粗利益
	各科ごとの 利益	直接可能な ・医薬品費 ・診療材料費 ・給与費（医師）		直課できない 費用	
A 科	100	30	70	20	50
B 科	150	40	110	70	40
C 科	50	75	△ 25	10	△ 35
⋮	⋮	⋮	⋮	⋮	⋮
合計	400	190	210	130	80

図３-９　**標準原価を用いた原価計算の手続き**

このように、標準原価を用いた原価計算においては、２段階の利益を用いて、業務改善や業績評価などに使用するのである。

最終的には、これに販管費を加えた営業利益を算出することも可能である。その場合は販管費の配賦基準も別途定める必要がある。例えば、収益に占める販管費の割合など、あらかじめ一定割合を用いることが考えられる。

2 標準原価の設定方法

　標準原価は、各診療科の間接費となる項目を抽出し、そのコストの配賦基準を設定し標準単価を求めるという手続きになる。この配賦基準はコストドライバーと呼ばれる。そして、各診療科がその間接費をどのくらい使用したかを計測し、使用分を診療科に配賦することになる。

　例えば、一般病床を1人の患者が1日使用した場合は50,000円、集中治療室の場合は120,000円、病理診断は1件当たり10,000円など、単位当たりの金額が設定されることになる。その単価の設定に用いられるコストドライバーは、病床の利用であれば延べ入院患者数、病理診断であれば病理検体診断件数などを用いる。この場合、部門別原価計算と同様、コストの発生要因のバラツキを考慮し、精緻に設定することも可能であるが、標準原価項目が多すぎると、作業コストも大きくなることから、その項目設定についても範囲をあらかじめ決めておく必要がある（図3-10）。

項目	コストドライバー（配賦基準）	標準原価
病棟（一般床）	延べ入院患者数（人）	@ 50,000 円／人
病棟（集中治療領域／成人）	延べ入院患者数（人）	@ 120,000 円／人
病棟（集中治療領域／小児）	延べ入院患者数（人）	@ 79,000 円／人
手術（局所麻酔）	手術時間（分）	@ 600 円／分
手術（全身麻酔）	手術時間（分）	@ 1,500 円／分
外来	外来患者数（人）	@ 4,000 円／人
化学療法	化学療法件数（件）	@ 11,800 円／件
リハビリ	リハビリ件数（件）	@ 1,800 円／件
検体検査	検体検査件数（件）	@ 2,000 円／件
生理機能検査	生理機能検査時間（分）	@ 500 円／分
透析	透析件数（件）	@ 19,000 円／件
内視鏡	内視鏡実施件数（件）	@ 7,000 円／件
病理診断	病理検体診断件数（件）	@ 10,000 円／件
放射線治療	放射線治療件数（件）	@ 14,500 円／件
放射線診断	放射線診断時間（分）	@ 500 円／分
病棟薬剤指導	病棟薬剤指導件数（件）	@ 2,000 円／件
調剤	調剤件数（件）	@ 500 円／件
輸血	輸血件数（件）	@ 7,500 円／件
栄養指導	栄養指導件数（件）	@ 4,500 円／件

図3-10　標準原価の設定事例

　また、標準原価項目を設定するには、部門別原価計算データを用いることや、標準原価項目について各々特殊原価調査を実施する等、その前提としてある程度の原価計算の実施が必要となる。

　このため、標準原価の設定のための準備段階は相当の作業コストが発生することと、その納得度の担保の確認が必要となるが、原価計算実施段階においては、その都度配賦基準を計算し、配賦を行う必要はなく、各標準原価項目の実施度を測定できれば、標準原価の単価を乗じることで配賦を行うことができることから、原価計算の実施手続きの簡素化と迅速化が図れる。また、前述の通り標準原価は操業度のブレによる配賦額の変動がないことから、配賦されたコストに対する納得度を得られやすいというメリットがあるため、従来の階梯式配賦による原価計算の発展形としての利用が考えられる。

ただし、標準原価による計算結果と、実際原価による計算結果の相違を定期的に確認し、乖離が大きい場合や、納得度が低下した場合には、標準原価の再検討が必要となる。このメンテナンスの定期的な実施も考慮する必要がある。

3　標準原価による原価計算結果の活用

　この標準原価による原価計算の結果、2つの利益が導き出される。そこで、そのデータを活用して、まず直接利益の状況を分析する。例えば、診療科別にこれをグラフ化して、経営会議で報告する。重要な点は、黒字が良くて赤字が悪いということではない。それぞれの診療科の利益構造の変化をとらえ、その理由を明確にすることが重要である。その要因を分析し、改善が必要な診療科については、さらに個別に改善計画を立案し実行する。この変化を明確にすることが重要な理由は、原価計算結果の報告を定期的に行うことで、改善策の結果が反映されるからである。報告は毎月行うことも可能であるが、原価計算結果の活用という観点から考えると、四半期ごとの状況と対前年度との比較を行うことが望ましいと考える（図3-11）。

　一方、この分析と同時に、標準原価を配賦後の粗利益について、同様の報告を行うことで、診療科別の採算性を評価することができる。これも、黒字・赤字だけで評価をするべきではない。診療科内の経営資源で収益を生む診療科であれば、間接費の影響は小さくなるし、院内の経営資源を多く使う診療科であれば、間接費の影響を大きく受けるからである。

　これは、図3-12に示すように、直接利益が大きくても間接費の影響により粗利益が減少するなど、直接利益だけではなく、間接部門も含めた稼働状況を反映した結果を見ることができる。これも直接利益と同様に変化を見ることで、その原因を分析し、対策を講じることにつなげる。

　これらを診療科ごとの業績評価指標として用いることや、次年度の事業計画立案の際に

示すことで、各診療科が取り組む診療に対して、投入する経営資源の影響を採算面から評価することが可能となる。

　この結果を示す際に、操業度の影響を受けない標準原価を用いて間接費を配賦することで、結果の説明に恣意性が減少し、現場の感覚との差異が少なくなり、納得度を得られやすい効果がある。ただし、実際原価との原価差異が発生することから、この取り扱いについてもあらかじめ決めておく必要がある。この差異があまりに大きいと、病院全体が赤字となっているのに、この結果が大きく黒字になったり、またその逆も起こりうるからである。原価差異が小さい場合はこれを考慮せずに使用する方法もあるが、大きい場合は差異についてさらに配賦するか、標準原価の再設定が必要となるため、この点については、原価計算の実務において検証とともに検討すべきである。

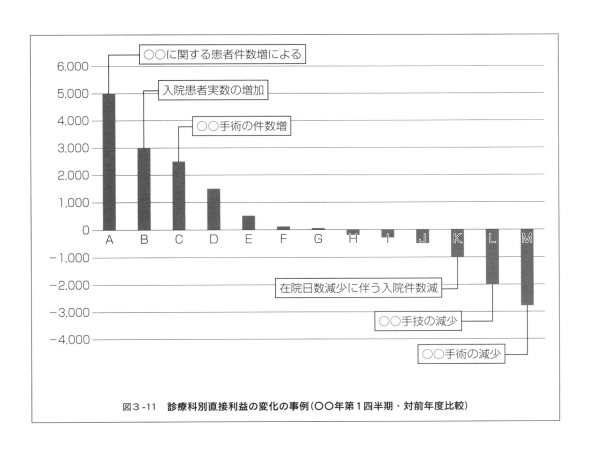

図3-11　**診療科別直接利益の変化の事例（○○年第1四半期・対前年度比較）**

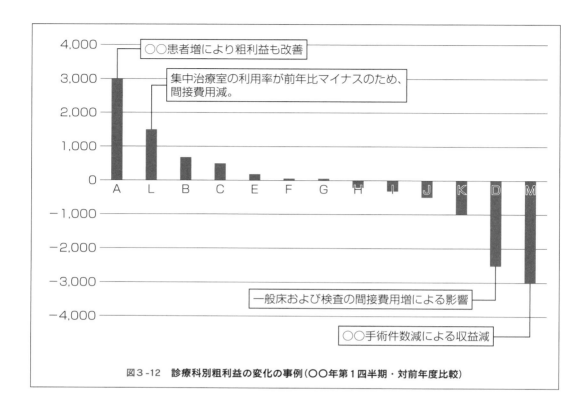

図3-12 診療科別粗利益の変化の事例（〇〇年第1四半期・対前年度比較）

問題 下記１．〜３．の設問に対してそれぞれ答えよ。

１．自施設で行う原価計算の目的は何ですか？

２．上記目的応じた部門の設定を行ってください。

３．原価計算の実施体制（担当部門・担当者）を設定してください。

解答　自施設についての設問のため、特に解答は記さない。

解説

　原価計算の目的が診療科の採算性を分析し、業績評価を行うのであれば、部門は診療科別に設定する必要がある。この場合は、直接費を計算対象とする方法に加え、間接費を含めた採算性を分析する方法が考えられる。

　また、目的が特定部門の業績改善の場合は、当該部門の直接費のみを計算対象とし、その妥当性を分析する方法が考えられる。

　病院全体の原価計算を定期的に実施するためには、担当者もしくは担当部門を定め、システムを導入するなどの体制整備が必要である。

　プロジェクト的に原価計算を行うのであれば、その都度、チームを編成する方法も考えられる。

第4章

管理会計による経営管理

1 変動費と固定費
2 損益分岐点分析

　ここでは、変動費と固定費について、その特徴や考え方を整理するとともに、これらを組み合わせて行う損益分岐点分析について解説し、経営管理の実務における利用について考える。

① 変動費と固定費

　原価計算を行った結果、部門ごとに採算性を明らかにすることが可能となり、さらに分析を加えることで業務改善につなげることが可能となる。この際、このコストはどのような要因で発生するのかという視点を持つことが管理会計による経営管理で重要となる。

コスト発生の要因は「コスト・ビヘイビア（Cost Behavior）」とも呼ばれ、操業度の増減によってコストがどのように発生し変化するかを考える。また、操業度とコストとの関係から「変動費・固定費」の分類が行われる。つまり、発生したコストそのものだけを対象とするのではなく、そのコストは何をするとどのように発生するのかをとらえることで、その発生要因に対する対策を講じることが可能となるのである。そこで、変動費と固定費について、それぞれの特徴と分析や対策方法などについて考える。

　変動費は、図４－１に示すように、操業度に応じてコストが発生する特徴を持つ。

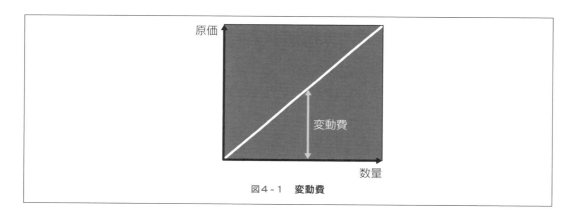

図４－１　**変動費**

　医療機関の場合、材料費は典型的な変動費である。例えば診療材料であれば、購入単価×使用数量で算出されるため、購入単価をいかに安くして調達するか、使用数量をいかに適正にするかが管理のポイントとなる。購入単価については、多くの医療機関では用度課などの物品管理を担当する部門で業者などとの交渉を行っていることから、事務部門の力量が求められる。これについては、共同購買や購入価格のベンチマークなど、様々なツールが導入されており、これらを駆使したマネジメントについて、事務部門の働きが重要となる。一方、使用数量については、医療提供の現場で発生することから、診療部門の適正数量を意識した活動が求められる。特に使用数量に

ついては、クリニカルパスによる設定や、診断群分類別包括支払い制度（DPC/PDPS: Diagnosis Procedure Combination/Per-Diem Payment System）に基づく他の医療機関とのベンチマーク分析などを取り入れるなど、医療機関全体での管理が必要となる。

　一方、固定費は、操業度とは関係なく、一定の費用が発生する特徴を持つ（図4-2）。

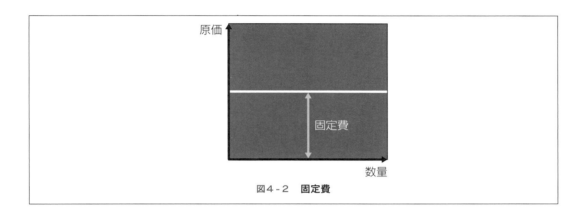

図4-2　**固定費**

　医療機関の場合、定期的に一定額が発生するリース料などがこれに当たる。ある期間一定額が発生するため、この期間コストをいかに下げるかがポイントであるが、同じコストであればその間の操業度を高めることで、1単位当たりに配分される単位コストは低下することになる。この点を考慮して固定費の妥当性を管理する必要がある。

　例えば、CT機器をリースで購入した場合、1カ月当たりの検査件数が100件でも200件でも支払うリース料は一定額となる。このため、1カ月の検査件数が多いほど、支払うリース料に対する利益を高めることになる。つまり、無駄のない検査機器の効率的な使用が求められることになるのである。

　一方、すべての費用が変動費・固定費に明確に分類できない場合も生じる。例えば、光熱水費などにおいて、基本料＋重量料といった構成の費用もある。これは準変動費と呼ばれる（図4-3）。

　これは、医療機関の場合、病棟では24時間365日稼働していることから、この稼働に対して発生していると考え、固定費部分と変動費部分を分けて計算するのではなく、一定期間の固定費として扱うことが実務的である。

　また、携帯電話料金などのように、一定の使用上限量までは定額であり、上限使用量ごとに定額料金が発生する構成の費用もある。これは準固定費と呼ばれる（図4-4）。

　これも使用量を計測してその都度固定費を変えて計算することが正確ではあるが、詳細に変動を反映することは作業コストがかかることから、年間を通じて発生した金額の平均を使用する等、固定費として扱うことが実務的である。

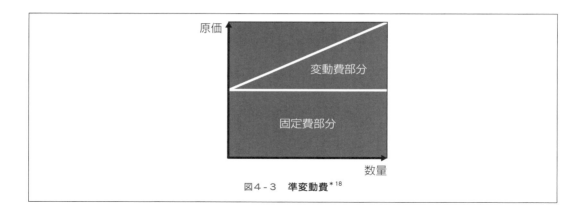

図4-3　**準変動費**[18]

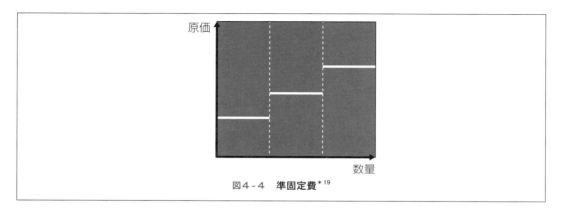

図4-4　**準固定費**[19]

＊18　千賀秀信、管理会計の基本、p.64、2017年、日本実業出版社より改変
＊19　千賀秀信、管理会計の基本、p.65、2017年、日本実業出版社より改変

❷ 損益分岐点分析

　図4-1の変動費と図4-2の固定費を組み合わせ、固定費と変動費の合計した数値は総費用と呼ばれ、この総費用と収益が交差する点を損益分岐点（BEP：Break Even Point）という。これは、原価と収益がイコールである金額を示し、これよりも収益が大きければ黒字になり、これよりも収益が小さければ赤字になることを示す。つまり、収益に対して利益を出すためのコスト構造を分析することで、採算計画を立てることができるのである。この分析は操業度に対する費用の発生との関係を示すことからCVP（Cost・Volume・Profit）分析とも呼ばれ、その関係は図4-5のようになる。

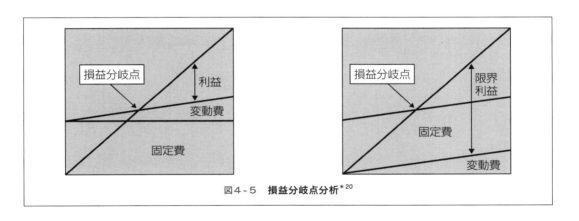

図4-5　損益分岐点分析[20]

　CVP分析は、図4-5の関係から以下の数式を用いることで、目標利益に対して必要となる収益や、現状の収益で必要となる固定費の削減額など、様々なデータを分析することができる。その数式は以下の通りである。
- 収益から変動費を除いたものは限界利益と呼ばれ、損益分岐点は限界利益＝固定費となる。（限界利益＝収益－変動費）
- 変動費は収益に対して比例して発生することから、収益に占める変動費の割合である変動費率を算出する。（変動費率＝変動費÷収益）
- 単位当たりの限界利益として限界利益率を算出する。

---

[20]　渡辺明良編著、実践病院原価計算、p.58、2014年、医学書院より改変

（限界利益率＝限界利益÷収益　＝　１－変動費率）
・損益分岐点となる収益を算出する。
　（損益分岐点売上高＝固定費÷（１－変動費率）　＝　固定費÷限界利益率）
・現在の利益構造を踏まえ、目標利益を設定し、これを達成するために必要となる収益
　を算出する。（目標利益売上高＝（固定費＋目標利益）÷（１－変動費））

一方、この関係を別のモデルで示すと、図４-６のようになる。

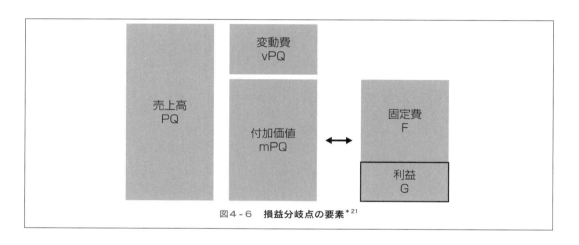

図4-6　**損益分岐点の要素**[21]

　この図では、売上高（PQ）から変動費（vPQ）を除いたものを付加価値（mPQ）と定義している。mPQから固定費（F）を除いた残りが利益（G）となる。損益分岐点はmPQ＝Fとなり、F÷mPQ＝100％であることから、売上高から変動費を除いた残りで固定費を賄うことになる。この数値が100％以下だと黒字となり、この数値が100％以上の場合は、あとどれだけ収益増が必要か、あるいは固定費を削減するか、ということになる。このことから、付加価値を高めることと固定費をマネジメントすることが利益につながることが分かる。

　収益はPQ＝単価（P）×数量（Q）となり、付加価値は単位当たり付加価値mP（P-vP）×数量（Q）に分解することで、それぞれの要素における課題の抽出と対策の立案が可能となる。

　さらに、これらを組み合わせることで、事業計画に対する採算計画の立案などへの活用が可能となる。ここでは、たこ焼き屋を経営することを事例として想定する。まず、たこ焼きに必要な材料費として、タコなどの食材や調味料などを見積もった結果、100個作るために1,000円（１個当たり10円）必要と想定する。これは変動費となる。また、店舗の賃料や光熱水費、たこ焼き器のレンタル料、給与などを見積もった結果、毎月48万円の固定費が発生すると想定する。

　次に、他の店舗なども参考にたこ焼きの売値を検討した結果、１パック６個入り300円

＊21　協和発酵工業（株）、人事屋が書いた経理の本、P48、1978年、ソーテック社より改変

で販売すると想定する。

　これらの前提条件を基に、損益分岐点を算出すると、１パック当たりの変動費は1000÷100×6＝60円であり、１パック当たりの限界利益は300円－60円＝240円となる。この限界利益で固定費を賄うためには、１カ月当たり48万円÷240円＝2,000パックの販売が損益分岐点となる。１カ月の営業日数を20日とすると、１日当たり2,000÷20＝100パックの販売となり、１日10時間の営業時間であれば１時間当たり100÷10＝10パックの売り上げが必要となる。実際には、これに目標利益を加味する必要があるため、１カ月当たりの目標利益を12万円と設定した場合は、48万円＋12万円＝60万円÷240円＝2,500パックとなり、１日当たりの目標販売数は125パックとなる。

このように、CVP分析を行うことで、事業計画における目標利益の設定などに活用することができる。

　医療機関においては、次年度の事業計画おける医療機器の購入の際に、これらの分析を行い、機器購入の判断資料として用いることなどが考えられる。（図４-７）これにより、医療面での必要性だけではなく採算面の評価も加味することによって、必要不可欠なものはA評価とし、予算が許容されれば購入すべきものはB評価、不要不急のものは修理対応とするなど、適正な機器の購入評価につなげることができる。

　また、この分析を基に購入した医療機器については、損益分岐点となる目標件数などを設定することも可能となる事から、購入後の実績評価指標としても活用することも可能である。

申請番号	申請部門名	部門責任者名	機種名	優先順位	希望台数	合計本体定価	合計見積り金額（希望台数分）	最終評価
	救急部	○○						B
	救急部	○○						処理対応
	薬剤部	△						A
	薬剤部	△						A
	薬剤部	△						C
	薬剤部	△						C
	耳鼻科	□						B
	耳鼻科	□						C
	耳鼻科	□						A
	皮膚科	×						C

図4-7　医療機器購入の判断資料の事例

問題1　次年度の事業計画にて、A検査機器の購入を検討する。A検査機器による1回当たりの検査収益（P）を120,000円、A検査機器を用いた検査1回あたりの材料費（変動費）額（vP）を80,000円、A検査機器にかかる、1か月の固定費（減価償却費など）（F）を1,000,000円とすると、この検査機器の損益分岐点となる検査件数は1か月当たり何件か。

解答 1

25件

 解説 1

検査1回当たりの限界利益（mP）：120,000円－80,000円＝40,000円

　mPQ＝Fより、　⇒　Q＝F／mP

　損益分岐点目標件数：1,000,000円÷40,000円＝25件

問題 2 ある外来診療科において、現在診療単価が12,000円（P）であり、患者１名当たり変動費（vP）が2,400円、当該診療科の１か月当たり固定費が60,000,000円とする。

（１）この診療科の損益分岐点およびその場合の必要患者数を求めよ。

（２）次年度計画において、固定費が6,000,000円増加することが分かった。この場合の損益分岐点とその場合の患者数を求めよ。

解答2

（1）損益分岐点売上高：75,000,000円

損益分岐点患者数：6,250人

（2）損益分岐点売上高：82,500,000円

損益分岐点患者数：6,875人

解説2

（1）患者1名当たり限界利益（mP）：12,000円—2,400円＝9,600円

損益分岐点患者数＝60,000,000円÷9,600円＝6,250人

損益分岐点売上高＝12,000円×6,250人＝75,000,000円

（2）損益分岐点患者数＝66,000,000円÷9,600円＝6,875人

損益分岐点売上高＝12,000円×6,875人＝82,500,000円

第5章
事業計画と予算策定

1 経営管理プロセスから見た管理会計の必要性
2 戦略策定と戦略管理段階における管理会計の役割
3 経営管理プロセスにおける管理会計の役割

　ここでは、事業計画や予算の策定において、管理会計がどのような役割を果たし、どのように貢献できるのかについて、SWOT分析などの手法や経営管理プロセスの手法などを通して考える。

経営管理プロセスから見た管理会計の必要性

　管理会計は、事業計画や予算策定の実践の場面おいて、重要な役割を果たす。それは、医療機関がどのような医療を提供するのか、患者や地域社会などのステークホルダーに対してどのように貢献するのか、といった医療機関の理念に基づき、基本方針やビジョンを構築し、医療機関が置かれている環境などの状況を把握したうえで、ビジョンの達成に向けて特に重点的に取り組む戦略の策定に至る一連の活動に対して重要な情報を提供する。そのうえで、より具体的な事業計画を策定し、それに対する予算策定を行う際に、管理会計に基づく情報は不可欠なものとなる(図5-1)。

　また、経営戦略や事業計画の策定については、戦略的マネジメントツールとしてバランスト・スコアカード(Balanced Scorecard：BSC)が用いられる場合もある[22]。

　この一連のプロセスにおいて、事業計画に整合した組織を整え、業務プロセスを整備し、そのために必要な人材を採用・育成・配置する人的資源の管理も行う必要がある。

1　組織と管理会計

　事業計画に組織を整合するためには、組織図の管理体制も整備する必要がある。組織図は、業務内容や職能を基に編成する職能別組織や事業単位に編成する事業部制組織などの形態がある。医療機関では、医師部門や看護部門などのように職種別に組織する職能別組織が多く見られる。また、病院・健診・介護などのように医療機関が行う事業別の組織する事業部制組織の場合もある。どのような組織体系を用いるかは各医療機関の規模や方針などによって異なるが、前述したセグメント会計による管理は事業部制組織に基づく管理会計の体系となる。また、部門別原価計算や診療科別原価計算の場合は、職能別組織における部門を認識して実施する場合が多いと考えられる。

　組織体系は組織図として明示されることから、組織図の構築や編成のルールなどを明確にしたうえで、事業計画に整合させる必要がある。医療機関が実施しようとする医療をどのような組織で実施するのかを組織図において明示し、その組織図をもとに原価計算などの仕組みを構築することから、事業計画策定と組織図編成のプロセスはつながっていなければならない。このことから、少なくとも事業年度ごとに組織図を更新する手続きが必要

＊22　BSCの詳細については、別途上級テキスト『バランスト・スコアカード』(荒井耕・正木義博編著)を参照されたい。

となる。具体的には、次年度の事業計画や予算を理事会で承認する手続きと合わせて、次年度の組織図も策定する、という手続きが想定されるのである。

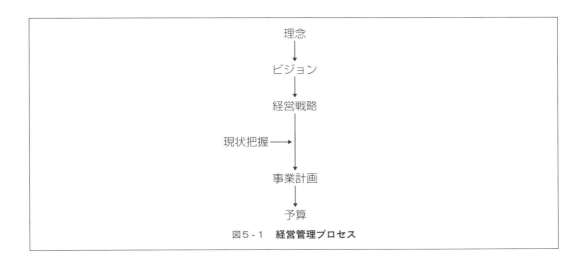

図5-1　経営管理プロセス

2　業務プロセスと管理会計

　事業計画や予算の策定においては、特に改善が必要な業務プロセスを把握し、その活動の結果望まれるアウトカムを想定する必要がある。これは医療機関全体が重点課題として認識する必要があることから、その仕組みづくりが重要となる。このアウトカムの想定には、管理会計の活用が不可欠となる。

3　人的資源管理と管理会計

　事業計画の実行には、必要な人材の確保や育成が不可欠である。例えば、事業計画策定段階において、各部門から増員要求が出る場合、その理由は明確でなければならない。理由として「多忙だから」という場合があるが、医療機関において多くの部門が「多忙」なのであり、これでは増員の根拠にはならないのである。まず、事業計画の実行にはどのような能力を有する職員が何名必要か、という設計を行い、これと現状を比較することで、現状の人員で事業計画が実施できるのであれば増員は不要となる。この比較において不足している場合は、「トレーニングを行う」という方略や、「チームを編成する」という方略、「組織を見直す」という方略など、とるべき選択肢を検討する必要がある。その中で、「増員」が最適な方略である場合に増員の要求を行うべきなのである。この場合、増員は当然コストも増加することになるため、投入するコストに対するアウトカムが適正なものであることを明確にしなければならない。このためには管理会計の活用が不可欠となる。

　このように、事業計画や予算の策定においては、様々な経営課題に対して、最も優先度の高い課題や、医療機関全体で取り組むべき課題、経営資源を重点的に投入すべき課題などを医療機関全体で認識し、共有する必要がある。

② 戦略策定と戦略管理段階における管理会計の役割

　このようなプロセスを医療機関に組み込むためには、その準備として、**図5-2**に示すように、いくつかの重要な取り組みが考えられる。

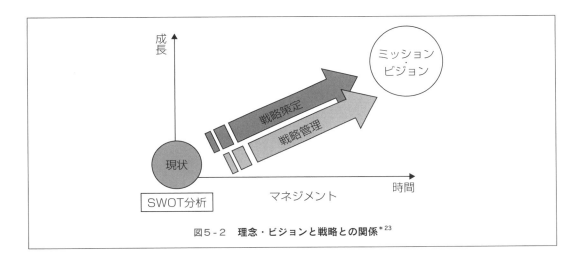

図5-2　**理念・ビジョンと戦略との関係**[23]

1　理念やビジョンの明確化

　事業計画や予算の策定の前には、そもそも医療機関の理念やビジョンを明確にする必要がある。本書の冒頭に述べたように、理念やビジョンは各々の医療機関が、患者や地域社会に対して果たす社会的責任としても位置付けられるものである。

理念は「そもそも我々の医療機関は何のために存在するのか」といった組織の核となる価値観を明確に示すものとなる。これにより、医療機関の職員の意識が共有され、組織文化の礎となることや、ステークホルダーに対して理念を公表することで、果たすべき社会的責任を公に示すメッセージとなる。

　ビジョンは、理念に基づく将来の方向性について、その構想を示すことにより、現状とのギャップを明らかにし、経営方針や行動指針などを定めることで、職員全体の自立を促

---

[23]　日本医療バランスト・スコアカード研究学会編、医学バランスト・スコアカード導入のすべて、p.78、2007年、生産性出版より改変

進し、意識を統合することで、ビジョンの達成に向け、医療機関全体が一致団結して取り組むためのベクトルを合わせることが可能となる。そのためには、医療機関の「やりたいこと、やれること、求められていること」を明瞭で分かりやすく示す必要がある。

2　現状分析と課題抽出

　理念やビジョンの達成に向けた戦略を策定し実行するためには、前述の通り現状とのギャップを明らかにする必要がある。これによって取り組むべき課題が明確に設定できるからである。

　その手法の1つとして広く用いられているのがSWOT分析である。これは、組織内部の強み(Strength)と弱み(Weakness)、外部環境から受ける影響としての機会(Opportunity)と脅威(Threat)頭文字をとったもので、各項目を洗い出すことによって医療機関が置かれている現状を整理する。また、それぞれの項目をクロスさせることによって、現状の経営課題を抽出する。これはクロス分析とも呼ばれ、そのフレームは**図5-3**

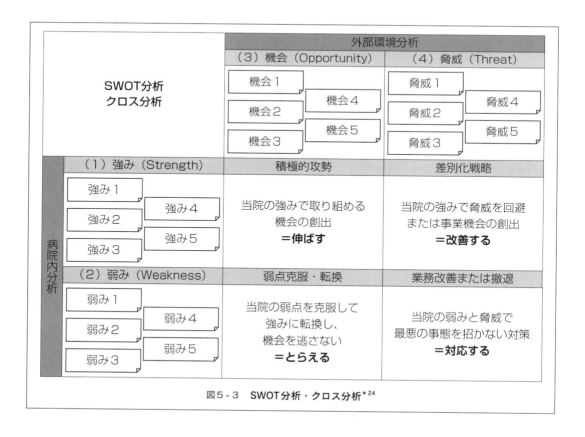

図5-3　**SWOT分析・クロス分析**[24]

＊24　高橋淑郎編著、医療バランスト・スコアカード研究実務編、p.126、2015年、生産性出版より改変

のようになる。つまり、SWOT分析では現在の状況を認識し、クロス分析では、現状を踏まえて今後何を行うべきか、克服すべき課題は何か、取り組むべき課題は何かを抽出するのである。

SWOT分析・クロス分析の実務においては、ワークショップやグループワークなどの実施により、定性的な情報を整理することで策定する場合が多く見られる。この手法は戦略立案に多くのメンバーが参画するという点で優れているが、一方で作業時間と労力がかかることから、継続性において課題がある。

また、SWOT分析で挙げられた各項目について、定量データに基づく検証が行われることが理想的であり、このデータとして管理会計情報が活用されることになる。

例えば、弱みとして「○○診療科の利益率が低い」という項目が抽出された場合、イメージではなく、原価計算データによって検証する必要がある。これをクロス分析によって「○○診療科の採算性の向上」といった経営課題として設定するのであれば、損益分岐点分析を用いた定量的な改善目標を設定することも可能となる。

3 課題の選別

SWOT分析・クロス分析によって現状分析を行い、経営課題を抽出したら、次に優先的に取り組む課題を絞り込む必要がある。これは医療機関全体で取り組むべき課題や重点的に経営資源を投資すべき事業計画など、最も優先度の高い課題を絞り込むことになる。経営課題の全てに着手できれば理想的だが、現実には投入可能な経営資源には限りがあるからである。経営課題を絞り込む際に用いる手法としては、重要度と緊急度の2次元で課題を評価し優先課題を絞り込む二次元展開法などが用いられるが、この段階で注意すべき点は、全体最適の視点である。

経営課題は、医療機関の理念やビジョンの達成に向けた整合性を確保した「全体最適」に基づく戦略でなければならないが、抽出された経営課題の中には、特定の部署にとっては課題であることは間違いないものの、医療機関全体の課題にはならないものも含まれる可能性がある。このような課題は「部分最適」として認識されることから、場合によっては組織全体の戦略として設定すべきではないこともあり得る。クロス分析によって抽出された経営課題は、「全体最適」の視点によっても絞り込む必要があるのである（図5 - 4）。

例えば、経営課題の中に「○○部署に△△機器の導入」という項目が抽出された場合、○○部署にとっては△△機器の導入が経営課題であることは間違いない。しかし、ビジョンの内容から、当該部署を縮小する方針があるならば、この機器の導入は医療機関全体にとって経営課題として適切ではないことになる。このように、戦略策定に際しては、全体最適の視点に基づき、医療機関の理念やビジョンとの整合を確認することが重要となる。

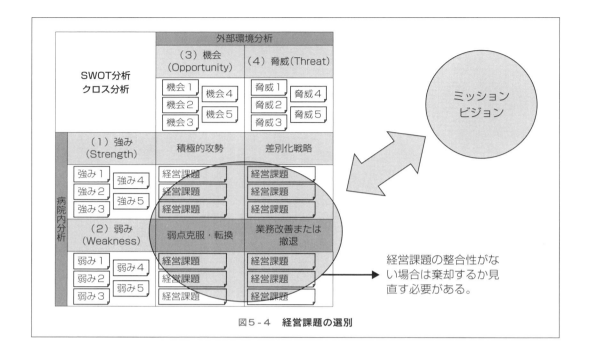

図5-4　経営課題の選別

4　戦略の策定と管理

　経営課題を抽出し、絞り込みを行うことにより、重点課題が経営戦略として識別されることになる。そこで、この経営戦略を実行するとともに結果を管理する必要がある。BSCにおいては、学習と成長の視点、業務プロセスの視点、顧客の視点、財務の視点の4つの視点を用いて、戦略マップを通じて戦略目標を設定することにより経営戦略の展開を示し、スコアカードによってその達成を管理する。この戦略目標における重要成功要因と成果尺度を定め、その目標値は定量データを設定することにより、達成度の評価を行う。この目標値の設定や、目標達成のためのアクションプランの実行にあたり、そのためのツールの1つとして管理会計が用いられる場合が見られる。

　BSCに限らず、策定した戦略は実行して評価しさらに改善につなげるプロセス、つまりPDCAを行うことが必要となり、この一連の流れにおいて、管理会計データの活用が重要な役割を担うことになるのである。

❸ 経営管理プロセスにおける管理会計の役割

1 事業計画立案および予算策定における2つのプロセス

　戦略策定においては、組織全体としての重点課題や重点目標のマネジメントが重要となる。一方、事業計画や予算策定にはさらに詳細な管理プロセスが要求される。

　事業計画や予算は、一般的には「トップダウン式の割当予算とボトムアップ式の積上予算」[25]があるとされるが、実際にはこれらが組み合わされ、組織のトップマネジメントにおいて経営戦略などを踏まえた予算編成方針を決め、これをもとに予算編成部門あるいはチームにより、各部門に対して予算案の作成を依頼し、これを取りまとめ調整し、全体の予算案が編成され、理事会などにおける機関決定を経て、各部門に承認された予算が示され、実行される。

　この一連のプロセスにおける重要な点は、事業計画や予算はトップマネジメントから一方的に割り当てられる「ノルマ」や、過去の実績の延長線上にある単なる予測ではないということである。「ノルマ」や「予測」で策定された事業計画や予算では、単なるデータであることから、その実行段階では「やらされ感」となってしまうからである。事業計画や予算は、医療機関全体の経営課題が各部門の取り組みにつながり、その目標値を設定することによって、各部門が自らの課題として取り組むべく、行動に影響を与えるものでなければならないのである。この目標値を設定して公表する際に用いる会計データこそ、管理会計の意味するところであり、「管理会計における何らかの測定が現場の心理や行動にプラスの影響を与えるからこそ、望ましい方向に現場が動き出すのである」[26]と伊丹らも述べている。

　このプロセスの一例を図5-5に示す。次年度の事業計画や予算策定の検討を行う方向性として、経営ビジョンや中期計画に基づき、医療機関を取り巻く環境の認知や現状を把握し、行うべき事業計画を立案するトップダウンの方向と、医療機関の現場である各部門が認識する課題を解決するために、次年度行うべき事業計画を立案するボトムアップの2つの方向が考えられる。

---

[25] 岩谷誠治、会計の基本、p168、2016年、日本実業出版社
[26] 伊丹敬之・青木康晴、現場が動き出す会計、p355、2016年、日本経済新聞出版社

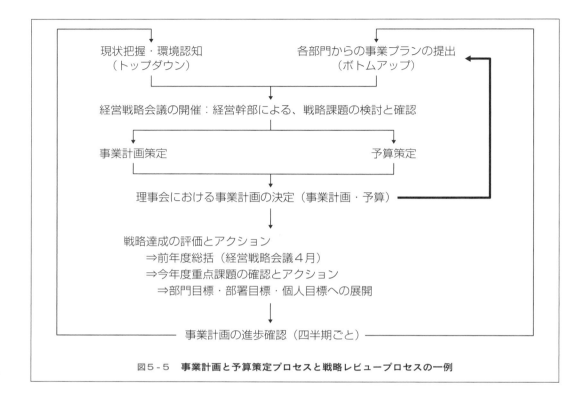

図5-5　**事業計画と予算策定プロセスと戦略レビュープロセスの一例**

2　事業計画立案の提出段階

　トップダウンの場合は、前節で述べたSWOT分析などの手法を用いるなど、経営幹部や経営企画室などによる戦略的アプローチが想定される。またボトムアップの場合は、各部門の管理職が事業計画や予算の申請という形で実施される。次に、事業計画や予算を策定するチームなどを編成し、これらにより抽出された事業計画案について、各部門にヒアリングを実施したり、実際の現場を視察して現状を把握する等の活動を踏まえ、提出された計画案についての実現可能性などの整理を行う。

　このプロセスにおいて特に重要な点は、各部門から的確な事業計画が申請されることである。各部門の管理者は次年度実施すべき課題として、事業計画を認識しているはずである。しかし、それは医療機関のビジョンを達成するために、医療機関の基本方針や戦略に沿っているかということや、それは本当に必要不可欠かということが認識されていなければならない。つまり、各部門の管理者が、部分最適ではなく全体最適で事業計画や予算を検討する志向を保持しなければならないのである。

　そのためには、図5-6に示すように、何を行うのか（WHAT）だけではなく、ビジョンとの整合性を踏まえ、なぜその取り組みが必要なのか（WHY）、その取り組みをどのよう

に行うのかについて業務プロセスを検討し（HOW）、その取り組みを誰が主管となって実施するのか（WHO）を検討し、次年度の実施スケジュールを検討し（WHEN）、実施場所を特定する（WHERE）、という項目について、明確にしたものでなければならない。

ただし、この様式で事業計画を策定するだけでは十分とは言えない。各部門の管理者は、この事業計画に対して投入される資金についても認識しなければならない。当該部門にとって重要な課題であったとしても、莫大なコストが必要な場合は、計画の見直しが求められることになるからである。このような計画は資金計画と呼ばれる。さらに、その計画の実施によって得られる結果についても説明できなければならない。その計画の実施によって、医療機関が社会的責任を果たすために医療の質や医療安全の向上へまでどのような効果が期待できるのか、ということや、利益の確保に寄与する計画であることなど、結果についても明確に記述することが求められるのである。特に利益に関する計画は採算計画と呼ばれる。

WHAT	：来年度はどのような医療（看護・経営）を行いたいのか？
WHY	：なぜ、その取り組みが必要なのか？…ビジョンとの整合性
HOW	：その取り組みはどのように行うのか？…業務プロセスに影響
WHO	：主管部門はどこか…人員計画や組織体制に影響
WHEN	：実施時期はいつか…資金繰りに影響
WHERE	：どこで実施するのか…施設設備計画に影響

図5-6　事業計画策定に求められる要素

このように、各部門の管理者は、事業計画・資金計画・採算計画の3つのバランスを考慮したうえで、事業計画の申請が必要となるのである（図5-7）。

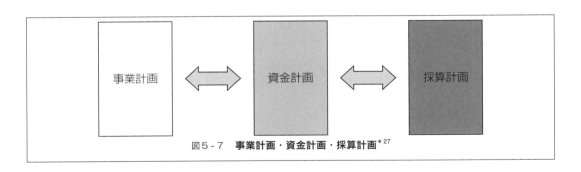

　　　事業計画　　　　　資金計画　　　　　採算計画

図5-7　事業計画・資金計画・採算計画[27]

＊27　渡辺明良編著、実践病院原価計算、P151、医学書院、2014年

　このことは日常生活においても、例えば住宅購入であれば、住宅の場所や間取りなどの仕様を計画（事業計画）し、住宅資金を手当てするために住宅ローンを検討（資金計画）し、住宅ローンの返済を検討（採算計画）したうえで、住宅購入の意思決定を行っている。このことからも、これらの計画は本来は特段困難なものではないと考える。医療機関における事業計画策定についても、各部門の管理者が事業計画だけを主張するのではなく、この3つの計画を考慮した上で申請を行うことが求められるのである。

　また、この様式に基づき、各部門の管理者が事業計画策定を実施することは、必然的にコスト意識の定着につながる。実際には、事務部門において業者への見積依頼などの支援が必要であるが、各部門の管理者は、自らが策定した事業計画に対する資金を明記しなければ、事業計画や予算の申請が行えないからである。

　このように、コストを意識せざるを得ないしくみを取ることによって、必然的にコスト意識の向上につながるとともに、管理会計の取り組みが医療機関全体のプロセスに組み込まれることになるのである。

3　事業計画・予算の決定段階

　次に、これらの情報を基に、経営幹部による戦略課題の検討や確認を行う「経営戦略会議」を実施し、事業計画と予算の基本方針を設定する。この戦略会議において、優先度の検討を行うことは、限りある経営資源を効率的・効果的に配分するうえで、組織全体がこのことを認識することにつながるため、組織運営上重要な会議となる。この重要性を認識している医療機関では、経営幹部が1日かけて議論を行い、方針決定する取り組みを行っている医療機関や、経営幹部による合宿形式で策定する医療機関などの事例が見られる。

　この会議では、例えば次年度取り組むべき計画や、逆に行うべきではない計画などの検討や、優先的に予算配分を行うべき計画の検討などを通じて、経営幹部の意思統一を図り、医療機関全体のベクトルを合わせることが可能となる。この議論を行うためには、各計画におけるコストの妥当性や、想定される収益増や利益予測などのFeasibility Study（FS）による定量データに基づく検討が必要なる。この点において、洗練された管理会計手法を用いることが求められるのである。

　次に、この方針に基づき、具体的な事業計画や予算の編成がなされ、理事会における承認を経て事業計画と予算が決定される。この決定までのプロセスにおいては、限りある経営資源の最適な配分のための調整が行われる。実際の事例として、ある部門の事業計画において、患者の利便性に寄与する設備の改修計画が出され、これを予算化することとなったが、全体予算の観点から金額の圧縮が必要となった。この場合、予算策定チームは、当該部門の管理者と採算性などを検討し、事業計画を複数年度に展開することで、次年度予算の額を調整することとした。この事例において、当該部門の管理職は申請段階で資金計

画を認識していたことから、一方的に予算を削られるのではなく、実施に向けた調整に同意することができた。

　医療機関全体の事業計画や予算を編成する段階においては、このような調整についても管理会計に基づく検討が求められるのである。

　また、承認された事業計画や予算は、各部門の管理者にフィードバックしなければならない。このフィードバックによって、各部門の管理者は、事業計画と予算に対する責任と権限が付与されるからである。

　各部門の管理者は、承認された事業計画と予算に基づき、執行段階では稟議書などを提出し、執行承認を得ることになる。この際、承認された事業計画と予算額を各部門の管理者と財務経理部門の管理者や稟議決裁権限者で共有することで、予算範囲の確認が行えることから、予算管理上も効率的な運用が可能となる。また、このプロセスが医療機関の管理プロセスとして定着することで、各部門の管理者の事業計画・予算に関する意識が高まり、予算外の稟議申請の減少にもつながることが期待される。

4　戦略実行の評価とアクション

　事業計画と予算の承認を受け、年度計画が開始されると、これに基づき重点目標を設定し、その達成度の評価を行うプロセスが必要となる。この際、例えば4月の時点で戦略会議を開催し、前年度の達成度評価を行うとともに、当該年度の重点目標の確認と具体的なアクションプランの方略を検討することが考えられる。

　このようなプロセスを設けることにより、設定した戦略や事業計画の達成の評価を医療機関全体で認識するとともに、その結果を踏まえた各部門の目標設定やアクションプランに展開することが可能となる。最終的には、個人の目標管理への展開も想定される。
実際には、重点目標の達成は月単位もしくは四半期単位で、経営会議などで確認し、評価することで、達成に向けた方略を検討するとともに、次年度の計画への展開にもつながる。
このように、戦略実行段階においては、定期的に達成度をレビューする仕組みを組織運営に組み込む必要があるのである。

　重点目標の達成度評価を行うためには、目標値の設定が必要となる。これは、例えば感染管理の徹底という重点目標であれば、そのために実施するアクションとして手指衛生の実施件数や実施率などの目標値を設定し、これに対する実施件数や達成度を評価する取り組みが想定される。

　ただし、目標値の設定は注意が必要である。例えば、目標の達成度100％や、ミスの発生数0件など、理想値を目標として設定する場合があるが、このような目標は「ターゲットレベル」として認識される。目標としては正しいものであるが、達成度が100％未満の場合や、ミスが1件でも発生した場合は、未達成という評価でよいのか、という問題が生

じる。このような場合は、現状と比較して最低限クリアすべきレベルを「コミットメントレベル」として設定することによって、ターゲットレベルとの間で評価に幅を持たせることが可能となる。例えば現状が70％、ターゲットレベルが100％であれば、コミットメントレベルを80％と設定すれば、80％以上をクリアすることが目標値なり、最終目標100％に向けた評価が可能となる。

　また、例えば高額医療器械の投入という重点目標であれば、機器を用いた手技の実施件数や直接利益を目標とし、原価計算を行ってその結果を評価するなどの取組みも想定される。

　このように、戦略実行の評価やアクションプランの設定の場面においても、管理会計手法の活用が求められるのである。

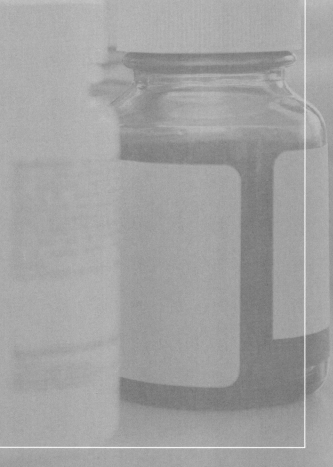

第6章
ケーススタディ

① 新しい手術機器を導入すべきか

事例1　C病院では、次年度の事業計画において、B診療部門から手術支援ロボット導入の申請が出された。これは、診療圏内にある他の病院ですでに導入されており、手術件数を増加させるために必要として申請されたものである。そこで、次年度の事業計画を検討する全体経営会議における判断材料として、採算性分析を行うことになった。

　以下の前提条件を基に、損益分岐点分析を行うとともに、会議資料として必要となるその他の要因についても考察を加えよ。

1．ロボット支援手術購入費用
　　150,000千円（税込み）（減価償却費定額法・償却年数6年）
2．想定売上単価
　　1,000千円
3．想定手術件数（年間）
　　100件
4．固定費（年間）
　　80,000千円　　（人件費・保守料・減価償却費等）
5．変動費（1件当たり）
　　300千円
6．目標年間利益
　　10,000千円

解 説

①病院のビジョンとの整合を確認する必要がある。地域保活ケアシステムにおいて、病院のビジョンが高度急性期医療の提供を指向しているのであれば、ロボット支援手術の導入はビジョンとの整合が想定されるが、今後のビジョンとして回復期医療に重点を置くのであれば、導入を行わない選択肢も生じると考えられるからである。

②損益分岐点分析は以下の通りとなる。
・想定売上高：1,000千円×100件＝100,000千円
・想定変動費：300千円×100件＝30,000千円
・限界利益：想定売上高－変動費＝100,000－30,000＝70,000千円
・限界利益率：限界利益÷想定売上＝70,000÷100,000＝70％
・損益分岐点売上高：固定費÷限界利益率＝80,000÷0.7≒114,286千円
・損益分岐点手術件数：損益分岐点売上高÷想定売上単価
　　　　　　　　　　＝114,286千円÷1,000千円≒114.3
⇒上記から、想定手術件数が114件を超えないと、採算が取れないことが分かる。

③損益分岐点の目標手術件数に加え、目標利益を達成する場合の件数は以下の分析となる。
・目標損益分岐点売上高：(固定費＋目標利益)÷限界利益率＝(80,000＋10,000)÷0.7
　　　　　　　　　　≒128,572千円
・目標損益分岐点手術件数：128,572÷1,000≒129件
⇒上記から、目標手術件数は129件以上となる。

④これ以外の要因として、他病院の実施件数、ロボット手術支援導入に必要な手術室改修の必要性の有無、今後の件数増加の可能性、手術を行う医療従事者の要件の充足度などが想定される。

② 増員計画と採算性

事例2　D病院では、次年度の事業計画において、患者給食部門から職員1名の増員要求が出された。これは、入院の患者増に対応するために必要な増員の要求である。そこで、次年度の事業計画を検討する全体経営会議における判断材料として、採算性分析を行うことになった。

　以下の前提条件を基に、損益分岐点分析を行うとともに、会議資料として必要となるその他の要因についても考察を加えよ。

1．職員1名給与費
　　3,600千円（年間給与費・法定福利費・交通費含む）
2．現在患者給食部門収益
　　210,240千円（年間）　1日患者1人当たり1,920円
3．患者給食提供数
　　300名（1日当たり平均）
4．固定費（年間）
　　132,000千円（委託費等）
5．変動費（1日1人当たり）
　　750円

解 説

①現状の採算は、収益210,240千円に対して、変動費は750円×300食×365日＝82,125千円となり、これに固定費132,000千円を加えると、214,125千円となることから、現状において給食部門は3,885千円の赤字であることがわかる。

②現状の損益分岐点分析は以下の通りとなる。
・限界利益：売上高－変動費＝210,240－82,125＝128,115千円
・限界利益率：限界利益÷売上高＝128,115÷210,240＝60.9％
・損益分岐点売上高：固定費÷限界利益率＝132,000÷0.609≒216,749千円
・損益分岐点患者給食提供数：損益分岐点売上高÷売上単価
　　　　　　　　　＝216,749千円÷1,920円≒112,890名
　　　　　　　　　112,890名÷365日≒310名(小数点以下切り上げ)
⇒上記から、現状においても、1日平均10名程度の患者給食提供数の増加がないと、採算が取れないことが分かる。

③損益分岐点の患者給食提供数に加え、増員分をカバーして、損益分岐点を達成する場合は以下の分析となる。
・目標損益分岐点売上高：(固定費＋増員コスト増)÷限界利益率
　＝(132,000＋3,600)÷0.609≒222,660千円
・目標損益分岐点1日当たり給食提供数：222,660千円÷1920円÷365日≒318名
⇒・上記から、次年度想定される1日平均患者給食提供数が18名増の318名以上でないと、増員分の固定費増をカバーして、患者給食部門の採算性を改善することは難しい。

④上記の患者給食提供数の増加が想定されない場合は、食材単価の見直しや、患者給食部門の業務プロセスの改善など、人員増以外の改善も合わせて実施する必要がある。

第7章

総　括

1 事業計画の予算化における4つの視点
2 まとめ：病院経営における管理会計の実践に必要な能力とは

① 事業計画の予算化における 4つの視点

　事業計画を予算化する場合、限られた経営資源を最適に活用するためには、医療経営おける優先度を認識しなければならない。また、その際に、以下の4つの視点が想定される。

▌(1)採算性の改善につながる計画か

　事業計画を実行した結果、利益が想定されるのであれば、その利益は次の患者のために用いる原資として循環することができることから、予算化の優先度は高いと考えられる。この点において、FSや損益分岐点分析などの管理会計手法の貢献は明らかである。

▌(2)患者サービスや安全性、質の向上につながる計画か

　事業計画を実行した結果、患者安全の向上に寄与することが明確であり、医療の質の向上につながるのであれば、医療機関の社会的責任につながることから、利益が発生しない場合であっても、極端な赤字が想定されなければ、予算化の優先度は高いと考えられる。ただし、患者サービスについては、顧客が支払う対価に対して当然受けられると期待しているサービスである「本質サービス(コアサービスおよび促進的サブ・サービス)」と、代価に対して必ずしも当然と思わないが、あればあるに越したことはないサービスである「表層サービス(支援的サブ・サービスおよびコンティンジェント・サービス)」[*28])の2つのサービス属性を認識する必要がある。

　患者クレームは、本質サービスの瑕疵に原因がある場合が多く見られるが、このような本質サービスは医療機関が社会的責任を果たすために、一定以上の品質を担保しなければならないサービス属性として、高い優先度の認識が必要である。一方、表層サービスは、ご意見箱などで患者の要望という形で見られる場合が多いことから、どこまで対応するのかを計画的に検討し、予算化する必要がある。表層サービスのやみくもな予算化は、華美な設備投資の一方で医療提供の動線が不十分な病院施設などの事例に散見される。

　このように、患者サービスの属性を区分することは、事業計画を効果的に予算化するための重要な視点として認識しなければならない。と同時に、会計データとして明示するためには、管理会計手法に基づく分析が求められるのである。

[*28] 近藤隆雄、サービス・イノベーションの理論と方法、p215、生産性出版、2014年

▋（3）業務効率化や省力化につながる計画か

　これは、イニシャルコストを投入することによって、ランニングコストが下がる計画などのように、一定期間のトータルコストに基づく優位性によって優先度を決定する。例えば、電球をLEDに交換することは、コスト面だけを考えると、LEDのイニシャルコストは白熱電球よりも高額になるが、導入後は電気料金のランニングコストの低下や、交換頻度の低下とこれに伴う作業コストの削減も考慮すると、数年後には現状よりもLEDのトータルコストが低くなることが明らかになったから、LED導入を意思決定した、というような事例が考えられる。

　このように、導入コストによる短期的なコスト増の場合は、想定される期間のトータルコストを分析することもまた、管理会計手法の活用が求められる。

▋（4）将来に向けた必要な投資か

　これは、システム導入のプロジェクトなどにおいて、プロジェクトにかかるシステム導入の投資額とその後の業務効率化に伴う効果を分析したり、増員要求に対するコスト増とその結果得られる収益増を分析する等、前述した事業計画・資金計画・採算計画のバランスを考慮した上で、先行投資として予算化する場合などが想定される。

　これらの視点を総括すると、図７‐１に示すモデルとなる。つまり、病院経営の結果得られた利益は、次の患者に提供する医療のために戦略的に投資する必要があり、それは、医療機関の施設や設備などに投資する方向や、人員確保や人材育成などの人的資源に投資する方向があり、そのバランスを考える際の優先度の決定に際して、管理会計の手法が求められることになるのである。

　また、これ以外にも将来の医療提供のための準備資金として内部留保する方向や、利益がマイナスの場合は、金融機関などからの借入金で賄うことやその返済など、財務管理的な手法も求められる。

　この場合は、短期的視点として、病院運営上の資金繰りが十分に確保できていることが求められる。これには、医療機関運営における日常の資金繰り管理が重要となる。また、中期的な視点としては、新規事業や高額医療機器購入などの投資に必要な資金が確保できていることが求められる。これには、高額医療機器・設備投資などの計画的予算策定と実行の管理が重要となる。さらに、長期的視点としては、将来の病院建設資金を確保できることが求められる。これには、利益の再配分に際して、計画的積立を行うことが求められる。

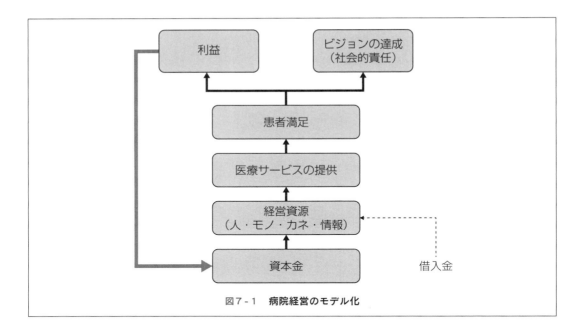

図7-1　病院経営のモデル化

❷ まとめ：病院経営における管理会計の実践に必要な能力とは

　管理会計は、病院経営において経営意思決定や業績管理などのさまざまな場面において活用される。このため、管理会計の知識と技術を保持する従業員の育成が求められる。

　管理会計の知識と技術を保持し、実践するためには、まず、「Design」する能力が求めれられると考える（図７-２）。

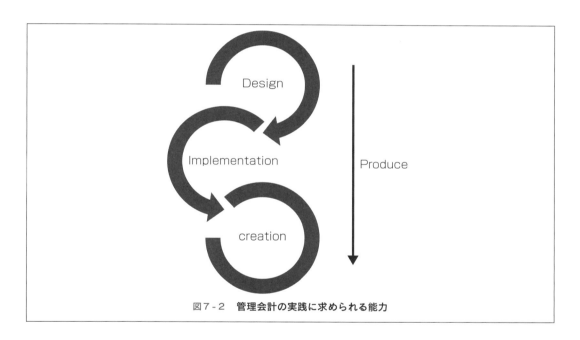

図７-２　**管理会計の実践に求められる能力**

　これは、データを分析する能力やその結果を考察し、まとめる能力ともいえる。例えば、原価計算データを作成し提出しても、そのデータから読み取れる課題を考察し、その原因や改善策の提案まで提示することができなければならない。これによって「原価データ」は「原価情報」としての価値を有することになるからである。この段階ではデータから導かれる課題などは明らかになるが、管理会計を実践するためには、それだけでは不十分である。

　このデータを基にプロセス改善などの実践を行うための「Implementation」の能力が必要となるのである。これは、現場との調整や交渉などを実践し、立てた計画を遂行する能力ともいえる。「Design」段階であれば、経営コンサルタントに委託することで情報を得

ることは可能であるが、その実践はあくまでも医療機関の職員が自らの課題として取り組まなければならないからである。

　「Design」の上に「Implementation」の能力を発揮してこそ、管理会計に基づく改善や改革が地に足のついた実践につながるのである。

また、管理会計の知識と技術を有し、活用し、実践することで、このプロセス全体を「Produce」する管理者としての役割も期待されるところである。

参考文献

1．岩谷誠治、会計の基本、日本実業出版社、2016年

2．渡辺明良編著、実践病院原価計算、医学書院、2014年

3．荒井耕、病院原価計算、中央経済社、2009年

4．櫻井通晴、管理会計第4版、同文館出版、2010年

5．岡本清、原価計算、国元書房、2000年

6．協和発酵工業(株)、人事屋が書いた経理の本、ソーテック社、1978年

7．伊丹敬之・青木康晴、現場が動き出す会計、日本経済新聞出版社、2016年

8．千賀秀信、管理会計の基本、日本実業出版社、2017年

9．羽田明浩、ナースのためのヘルスケアMBA、創成社、2017年

10．日本医療バランスト・スコアカード研究学会編、医学バランスト・スコアカード導入のすべて、生産性出版、2007年

11．高橋淑郎編著、医療バランスト・スコアカード研究実務編、生産性出版、2015年

12．池上直己、医療管理、医学書院、2018年

13．渡辺孝雄・服部治・小島理市編著、医療・福祉サービスマネジメント、同文館出版、2016年

14．近藤隆雄、サービス・イノベーションの理論と方法、生産性出版、2014年

索　引

著者紹介

渡辺　明良（わたなべ・あきよし）

学校法人聖路加国際大学常任理事・法人事務局長、聖路加国際大学臨床教授、一般財団法人聖路加財団財団事務局長

1986年立教大学文学部史学科卒業、聖路加国際病院入職（医事課勤務）。1992年経営管理室主任・院長付・事務長付、1996年企画情報課企画係・人事課チーフ、1997年企画課・人事課チーフ、1999年企画室チーフ、2001年人事課マネジャー、2005年教育・研究センター教育研修部マネジャー（兼務）、2006年経営企画室マネジャー、2007年経理課（現財務経理課）マネジャー、2011年新法人移行準備室室長（兼務）、2012年学校法人聖路加看護学園常任理事・事務局長等を経て、2014年学校法人聖路加国際大学常任理事・法人事務局長（現職）、2019年一般財団法人聖路加財団財団事務局長（現職）就任。

1999年ＭＢＡ取得（産能大学大学院経営情報学研究科修了）。国際医療福祉大学、広島国際大学、日本大学大学院グローバルビジネス研究科の非常勤講師を務め、2018年聖路加国際大学臨床教授（現職）、2019年秋田大学大学院医学研究科非常勤講師、東京大学大学院医学研究科経営のできる大学病院職員養成講座講師に就任。

日本医療マネジメント学会（理事）、日本クリニカルパス学会・日本病院管理学会所属。医療経済研究機構医療機関の部門別収支に関する調査研究委員会委員（2003年度～2007年度）、経済産業省医療経営人材育成事業ワーキンググループ委員（2005年度）、日本看護協会社会経済福祉委員会委員（2007年度）、厚生労働省保険医療専門審査員（2009年8月～2018年3月）等を歴任。

主な著書に、編著として『実践　病院原価計算　第2版』（医学書院）、共著として『医療経営士上級テキスト「バランスト・スコアカードその理論と実践」』『だれでもわかる医療現場のための病院経営のしくみ2』（いずれも日本医療企画）、『医療福祉マネジメントの実践』（日本図書刊行会）、『医療経営のバランスト・スコアカード』『医療バランスト・スコアカード導入のすべて』『医療バランスト・スコアカード研究　経営編』『医療バランスト・スコアカード研究　実務編』（いずれも生産性出版）、『病院管理』（建帛社）、『看護管理セカンドブック』（学研メディカル秀潤社）、『医療・福祉サービスマネジメント』（同文館出版）など多数がある。

NOTE

NOTE

医療経営士●中級【専門講座】テキスト3

管理会計の体系的理解とその実践——原価計算の手法から原価情報の活用まで

2020年7月27日　初版第1刷発行

著　　　者　渡辺　明良
発　行　人　林　　諄
発　行　所　株式会社 日本医療企画
　　　　　　〒104-0032　東京都中央区八丁堀 3-20-5　S-GATE 八丁堀
　　　　　　TEL 03-3553-2861（代）　　http://www.jmp.co.jp
　　　　　　「医療経営士」専用ページ　http://www.jmp.co.jp/mm/
印　刷　所　図書印刷 株式会社

『医療経営士テキストシリーズ』全40巻

※タイトル等は一部予告なく変更する可能性がございます。